Choix Gradué

de 50 sortes

d'Écritures

pour exercer les enfants

à la lecture des manuscrits

Nouvelle Édition

entièrement refondue

Par Th. H. Barrau

Paris

Librairie de L. Hachette et Cie

rue Pierre-Sarrazin, n° 14

TABLE DES MATIÈRES.

Imprimerie de Ch. Lahure (ancienne maison Crapelet), rue de Vaugirard, 9, près de l'Odéon.

Préceptes de Conduite

et

Anecdotes instructives.

Préceptes de Conduite.

Devoirs envers Dieu.

Le ciel, la terre, tout ce qui existe est l'œuvre de Dieu, qui a tiré l'univers du néant. Dieu est éternel, infini dans sa perfection, infini dans sa puissance, infini dans sa bonté. L'homme est ici-bas son plus bel ouvrage, et a été comblé de ses dons les plus précieux. Dieu nous a donné d'une âme immortelle faite à son image; il nous a donné la raison, qui nous rend capables de le connaître et de l'aimer.

Non-seulement Dieu est notre créateur, il est aussi notre sauveur; il nous a rachetés par le sang précieux de son Fils, et il nous a révélé dans son Évangile les vérités que nous devons croire et les préceptes que nous devons suivre pour nous bien conduire pendant cette vie, et avoir part, après notre mort, aux récompenses éternelles.

Soyons donc fidèles à ses lois, et suivons toujours ses commandements. Obéissons aussi à ceux que l'Église nous a imposés en vertu du pouvoir qu'elle a reçu de Dieu.

II. Devoirs envers Dieu. (Suite.)

Non-seulement nous devons adorer Dieu comme notre créateur et l'aimer comme notre bienfaiteur; nous devons encore, puisqu'il nous a faits à son image, chercher à l'imiter autant qu'il est possible à de simples mortels. Dieu est bon, efforçons-nous donc d'être bons comme lui en aimant les autres hommes qui sont nos frères, en leur faisant du bien et en leur rendant tous les services qui sont en notre pouvoir.

Nous devons servir Dieu tous les jours, mais plus particulièrement le dimanche, qui est le jour spécialement consacré à son culte. Gardons-nous donc de profaner le dimanche par un travail défendu ou par des divertissements répréhensibles.

Sanctifions, au contraire, ce jour par l'assistance aux offices religieux et par une plus grande application aux œuvres de piété.

Pendant les offices religieux, soyons calmes, recueillis, pleins de ferveur.

Méditons souvent sur les vérités consolantes de la foi, et rappelons-nous sans cesse que la vie terrestre n'est qu'une préparation à la vie éternelle.

Préparons-nous à la mort en faisant un bon usage de la vie.

La piété assurera notre bonheur dans la vie présente, et nous rendra dignes de participer aux récompenses de la vie future.

III. Devoirs envers Dieu. (Fin.)

Élevons souvent notre âme à Dieu par la prière; adressons-nous avec confiance à ce père si bon et si miséricordieux; implorons ses lumières dans les occasions difficiles, son secours dans les dangers, ses consolations et son appui dans les maladies et les afflictions.

Supplions-le d'augmenter sans cesse par sa grâce, notre foi en lui, notre espérance en lui, notre amour pour lui; de nous aider à expier nos fautes passées, à surmonter les tentations, à vaincre les passions, à pratiquer la vertu.

Prions-le de nous rendre prudents dans les entreprises, courageux dans les dangers, patients dans l'adversité et humbles dans le succès.

Implorons son appui pour que jamais l'attention ne manque à nos prières, la tempérance à nos repas, l'exactitude à l'accomplissement de nos devoirs, et la constance à nos bonnes résolutions; demandons-lui la force de conserver une conscience droite, et d'avoir toujours un extérieur modeste, une conversation sage, et une conduite régulière.

Dieu ne saurait être trop tôt l'objet de nos constantes pensées. Offrons-lui dès notre jeune âge les prémices de notre cœur. À mesure que notre piété deviendra plus vive, nous éprouverons un plus grand calme, un plus grand contentement d'esprit, et en même temps nous serons plus estimés des gens de bien.

IV. Devoirs envers nos parents.

Dieu nous commande d'honorer notre père et notre mère, et il attache ses bénédictions à l'accomplissement de ce précepte, à la fois si sacré et si doux à remplir.

Honorer nos parents, c'est les respecter, les aimer et être pour eux obéissants et dociles tant que nous sommes sous leur dépendance.

Souvenons-nous que nos devoirs envers nos parents doivent durer autant que notre vie. Après leur avoir été soumis durant nos jeunes années, conservons ensuite pour eux une sincère reconnaissance, un respect inaltérable et un attachement profond.

Ce respect, cet attachement doivent se manifester par une attention continuelle à leur être agréables, par des visites empressées, par des soins assidus.

Quand notre père et notre mère avancent en âge et ne peuvent plus pourvoir par eux-mêmes à tous leurs besoins, notre devoir est de travailler pour eux, de subvenir à leur nourriture et à leur entretien, et de leur procurer, selon nos moyens, tout ce qui peut contribuer à rendre leur existence agréable.

Ce devoir nous est imposé par la religion et par la loi, et en même temps notre cœur nous l'inspire il nous suggère ces attentions délicates, ces soins empressés qui consolent nos parents dans leurs peines et qui contribuent au bonheur de leur vieillesse.

_____

V. Devoirs envers le prochain.

N'aimez pas à parler des fautes des autres ou à découvrir ce que vous connaissez de répréhensible dans leur conduite, car cela est contraire à la charité.

Ne faites jamais aux autres ce que vous ne vous diriez pas qu'on vous fît.

Respectez les personnes qui sont plus âgées que vous et écoutez les vieillards avec déférence.

Tenez votre parole et agissez toujours de bonne foi. Remplissez exactement tous les devoirs que la probité vous impose.

Lorsque quelqu'un aura travaillé pour vous, payez lui promptement ce qui lui est dû pour son travail, et ne retenez jamais le salaire de l'ouvrier.

Soyez soumis aux lois, respectez les magistrats et les dépositaires de l'autorité publique.

Soyez poli envers tout le monde, mais ne flattez personne.

Soyez reconnaissant envers les maîtres qui ont aidé vos parents à vous donner une bonne éducation.

Souvenez-vous des bienfaits, oubliez les injures. Ne cherchez point à vous venger, et rendez le bien pour le mal.

Soyez fidèle à vos amis, et rendez-leur tous les services qui dépendent de vous.

Donnez à celui qui est dans le besoin, vous éprouverez à faire une bonne action une jouissance intérieure qui sera votre première récompense.

VI. Devoirs envers vous-mêmes.

Travaillez assidûment à vous corriger de vos défauts. Quand vous avez commis quelque faute, reconnaissez volontiers votre tort et tâchez de le réparer.

Ne dites jamais : « Je ne puis vaincre tel penchant, je ne puis résister à telle tentation, » car on peut tout ce qu'on veut; mais il faut vouloir.

L'homme sans volonté est le jouet de tout ce qui l'entoure.

Veillez attentivement sur vous-même et demandez des conseils aux personnes qui ont plus de raison et d'expérience que vous.

Faites de bonnes lectures. C'est le meilleur emploi de vos loisirs; c'est un moyen de devenir chaque jour plus instruit et plus sage.

Soyez modeste; ne montrez ni orgueil ni suffisance.

Réglez vos désirs; soyez content de votre condition, et n'enviez pas le sort de ceux qui sont au-dessus de vous.

La tempérance est un devoir, l'intempérance est un vice déshonorant.

Ayez de la patience lorsque vous éprouvez quelque contrariété; l'impatience ne remédie à rien.

Ne vous laissez jamais ni dominer par l'humeur, ni transporter par la colère; la colère est une sorte de folie.

Gardez les secrets que l'on vous confie, et ne confiez les vôtres qu'à des personnes sûres.

Soyez retenu dans votre langage; évitez les conversations frivoles ou dangereuses.

VII. Devoirs envers vous-mêmes. (Suite)

Travaillez constamment, la paresse produit une infinité de maux : semblable à la rouille, elle use beaucoup plus que le travail.

Ne donnez pas au sommeil plus de temps qu'il n'est nécessaire.

Si le temps est le plus précieux de tous les biens, prodiguer le temps est la plus folle des prodigalités : car le temps perdu ne se retrouve jamais.

Agissez pendant que vous le pouvez. La paresse rend tout difficile ; l'application au travail rend tout aisé. Celui qui se lève tard s'agite tout le jour, et à peine a-t-il commencé son ouvrage qu'il est déjà nuit. Poussez vos affaires, et que ce ne soient pas elles qui vous poussent.

Il n'y a point de profit sans peine. Un métier vaut un fonds de terre ; mais il faut savoir cultiver le fonds de terre et faire valoir le métier.

Vous n'avez besoin ni de trouver un trésor, ni d'hériter de riches parents ; le travail est le père de la prospérité, et Dieu ne refuse rien à qui emploie bien le temps.

Ne remettez jamais à demain ce que vous pouvez faire aujourd'hui.

Lorsqu'il y a beaucoup à faire, on s'inquiète, on craint de ne pouvoir en venir à bout. On a tort. N'ayez donc pas cette crainte. Ayez de la volonté et de la persévérance, et vous réussirez dans les choses les plus difficiles. L'eau qui tombe continuellement goutte à goutte finit par user la pierre. Avec de la persévérance, une souris coupe un câble, et de petits coups répétés abattent un grand chêne.

VIII. Devoirs envers nous-mêmes. (Suite.)

Le paresseux dit sans cesse : « Ne faut-il pas prendre quelques instants de loisir ? » Le loisir est un temps qu'on peut employer à quelque chose d'utile. Ne perdez jamais une heure puisque vous n'êtes pas sûr d'une minute.

Une vie laborieuse et une vie oisive ont des résultats bien différents : le loisir sans nécessité produit l'ennui et les regrets ; le travail, au contraire, amène toujours à sa suite la satisfaction, l'abondance et la considération.

Il ne suffit pas d'être laborieux ; il faut aussi avoir de la constance, de la résolution et des soins. Il faut voir ses affaires avec ses propres yeux et ne pas trop s'en rapporter aux autres. Si vous voulez que vos affaires se fassent, allez les faire vous-même : si vous voulez qu'elles ne se fassent pas ou se fassent mal, envoyez quelqu'un à votre place.

L'œil du maître fait plus que ses deux mains. Le défaut de soin fait plus de tort que le défaut de savoir.

Ayez du soin pour tout, même pour les choses de la moindre importance ; car il arrive souvent qu'une légère négligence produit un grand mal.

Ce n'est pas le tout que de travailler et d'être soigneux ; il faut aussi être économe. Un homme qui ne sait pas épargner à mesure qu'il gagne, s'expose à mourir dans la misère. Renoncez donc à toutes les dépenses inutiles.

IX. Devoirs envers nous-mêmes. (Suite.)

Vous vous imaginez peut-être que quelques délicatesses pour la nourriture, des habits plus recherchés, de petites parties de plaisir ne peuvent être de grande conséquence; vous vous trompez. Un peu répété plusieurs fois fait beaucoup. Soyez en garde contre les petites dépenses. Il ne faut qu'une légère voie d'eau pour submerger un grand navire. La friandise conduit à la mendicité.

L'amour de la parure et des beaux habits est une dangereuse manie. Consulter votre bourse avant d'écouter votre fantaisie. Si vous achetez une jolie chose, il vous en faudra dix autres pour que l'assortiment soit complet.

Il est plus aisé de réprimer la première fantaisie que de satisfaire toutes celles qui viennent ensuite.

Vous êtes tenté quelquefois d'acheter des meubles élégants ou d'autres objets dont vous pouvez vous passer, et vous justifiez cette dépense inutile en disant que les objets vous sont donnés à très-bon marché et bien au-dessous de leur valeur. Mais si vous n'avez pas besoin de ces objets, ils seront toujours trop chers pour vous, à quelque prix qu'on vous les donne.

Souvent, pour vous engager à acheter ce dont vous n'avez pas besoin, on vous offre un long crédit, et cela vous détermine, parce que, n'étant point obligé de payer sur-le-champ, vous pouvez satisfaire votre fantaisie sans rien débourser. Mais songez-vous bien à ce que vous faites lorsque vous vous endettez? Vous donnez à un autre des droits sur votre liberté

X. Devoirs envers nous-mêmes. (Fin)

Si vous ne pouvez payer au terme fixé, vous rougirez à la vue de votre créancier, vous ne lui parlerez qu'avec crainte, vous serez obligé de vous excuser auprès de lui d'une manière humiliante; peu à peu vous perdrez votre franchise, et vous en viendrez enfin à vous déshonorer par le mensonge, car qui fait des dettes est trop souvent réduit à mentir.

Peut-être vous trouvez-vous en ce moment dans un état d'aisance qui vous permet de satisfaire impunément quelque petite fantaisie; mais épargnez pour le temps de la vieillesse et du besoin pendant que vous le pouvez. Le soleil du matin ne dure pas toujours.

Le gain est incertain et passager, mais la dépense est continuelle et certaine. Il est plus aisé de bâtir deux cheminées que d'entretenir du feu dans une. Couchez-vous sans souper plutôt que de vous lever avec des dettes.

Cette conduite est celle de la raison et de la prudence. N'allez pas cependant vous confier uniquement à votre travail, à votre sobriété, et à votre économie; ce sont d'excellentes choses, à la vérité; mais elles vous seront inutiles si vous n'avez avant tout les bénédictions du ciel.

Demandez donc humblement ses bénédictions; et pour les mieux attirer sur vous, ne soyez pas insensible à la détresse de vos frères dans le besoin; mais donnez-leur de bon cœur des consolations et des secours.

XI. Conseils aux enfants.

Soyez dociles aux conseils de vos parents, écoutez leurs avis avec reconnaissance, et leurs réprimandes avec soumission. Vos parents, en faisant la guerre à vos défauts, n'ont pas l'intention de vous tourmenter; leur unique but est de vous rendre meilleurs.

Ils ont plus d'expérience et de prévoyance que vous : lorsqu'ils vous parlent vous devez croire qu'ils le font pour votre intérêt, et qu'ils ont raison, même quand ils contrarient vos désirs. À votre âge, on ne réfléchit guère; ils réfléchissent pour vous.

Un enfant qui refuse d'obéir, ou qui n'obéit qu'en murmurant, manque à son devoir envers Dieu et envers ses parents.

Chacun estime et aime l'enfant qui cède au premier avis; qui, après avoir commis une faute sait la réparer aussitôt par un sincère repentir; qui n'a besoin, pour entendre raison, que d'un mot, d'un regard.

Si vous avez le bonheur d'avoir des frères et des sœurs, aimez-les de tout votre cœur, défendez-les lorsqu'on les attaque; prévenez leurs désirs, partagez avec eux ce que vous possédez, donnez-leur même la meilleure part.

Un frère est un ami que Dieu vous a accordé; consolez-le quand il pleure, tenez-lui compagnie quand il est seul. Ne soyez point jaloux s'il possède quelques avantages dont vous êtes privés. Il ne faut porter envie à personne, et à son frère moins qu'à tout autre; car l'envie est un vice odieux qui fait le malheur de celui qu'il tourmente; et ce qu'il y a de plus triste, c'est que, loin d'être plaint, l'envieux n'inspire que le mépris et l'aversion.

XII. Conseils aux enfants. (Suite)

L'aîné de la famille a des devoirs particuliers à remplir : il remplace ses parents pendant leur absence ; il veille au bon ordre, rétablit la paix entre ses frères lorsqu'elle est troublée ; il protège, quand il le faut, le plus faible contre le plus fort.

Les sœurs ont droit à une protection toute spéciale ; jamais personne n'estimera un jeune garçon qui fait pleurer sa sœur et qui n'est pas affligé de ses larmes.

Soyez bons camarades avec vos égaux, supportez leurs défauts ; ne vous fâchez pas contre eux, ne vous vengez pas des offenses que vous pouvez avoir reçues : il faut savoir pardonner une injure.

N'abusez jamais de votre force envers les enfants qui sont plus faibles que vous.

Évitez toute querelle, n'ayez jamais recours à la force, à moins que ce ne soit pour défendre un plus faible maltraité par un plus fort.

Ne vous liez pas indistinctement avec tous les enfants de votre âge, soyez bienveillant envers tous, mais ne choisissez pour amis que ceux qui vous donnent de bons exemples.

Donnez vous-mêmes le bon exemple à vos amis ; avec eux, ne faites rien, ne dites rien que vous ne puissiez répéter à vos parents.

En classe, soyez silencieux, attentifs, appliqués, et acquittez-vous avec zèle de la tâche qui vous est prescrite.

———

XIII. Conseils aux enfants. (Suite.)

Il faut agir avec naturel et parler avec franchise; et cependant nous n'avons pas la liberté de tout faire et de tout dire. La règle est d'éviter de dire ou de faire ce qui pourrait déplaire à autrui, ou plutôt ce qui nous déplairait de la part des autres.

Respectez la vieillesse; un vieillard a vu beaucoup de choses, il peut donner de bons conseils, même à vos parents qui l'écoutent avec déférence. S'il a des infirmités, plaignez-le, mais gardez-vous bien de le tourner en ridicule.

Rendez aux personnes âgées tous les services qui dépendent de vous, faites-vous un plaisir et un honneur de soutenir leur marche chancelante, de leur épargner des efforts ou des pas, de prévenir leurs désirs; elles seront sensibles à votre attention et elles béniront votre jeunesse : les bénédictions d'un vieillard portent toujours bonheur.

Soyez respectueux envers vos supérieurs; lorsqu'ils vous adressent la parole, écoutez avec docilité et répondez avec politesse.

Lorsqu'il se trouve des serviteurs dans la maison paternelle, ne leur parlez jamais d'un ton hautain, ce ton ne convient à personne, et encore moins à un enfant. S'ils vous rendent des services, vous devez leur en savoir gré, ne rien leur demander qu'avec politesse, et les remercier toutes les fois qu'ils font quelque chose pour vous.

Si vous vous montrez reconnaissants des services qu'ils vous rendent, ils concevront pour vous un attachement sincère. Leur dévouement est précieux, de bons domestiques doivent être regardés comme des membres de la famille.

XIV. Conseils aux enfants. (Suite.)

Aussitôt que vous voyez entrer dans la maison un étranger, vous devez aller au devant de lui, lui offrir un siège, lui céder votre place au coin du feu. Mais point de question indiscrète. Attendez qu'il vous adresse la parole, répondez alors avec simplicité et bienveillance. S'il parle à d'autres personnes, ne l'interrompez pas.

A table, ne demandez rien. Croyez-vous qu'on puisse vous oublier? N'est-il pas naturel qu'on serve d'abord les personnes les plus âgées? Votre tour viendra bientôt. Ne faites pas les difficiles; ne dites pas : « Je n'aime pas ceci, j'aimerais mieux cela. » Il faut savoir de bonne heure se contenter de ce qu'on a. N'êtes-vous pas très-heureux d'avoir le nécessaire?

Mangez proprement, mangez avec modération, ni trop vite, ni trop lentement.

Que vos vêtements, vos livres et les petits effets à votre usage ne soient jamais en désordre; il faut les ménager, car on vous les a donnés pour que vous vous en serviez, et non pour que vous preniez plaisir à les déchirer, à les perdre, à les gaspiller mal à propos. N'oubliez pas que vous n'avez pas d'argent pour les remplacer, que vous n'êtes pas encore en état d'en gagner et que vos parents ont quelquefois été obligés de se priver du nécessaire pour subvenir à vos besoins. Ce serait bien mal reconnaître les sacrifices qu'ils se sont imposés, que de rendre ces sacrifices inutiles ou de forcer vos parents à les renouveler sans cesse.

XV. Conseils aux enfants. (Suite.)

N'ayez pas peur de l'eau froide : lavez-vous fréquemment les mains et le visage.

La propreté en tout est une qualité essentielle à tous les âges, à l'enfance surtout, qui doit en prendre l'habitude de bonne heure. Les maladies arrivent si souvent sans qu'on les cherche, qu'il est raisonnable d'éviter tout ce qui peut altérer la santé. La bonne santé dépend souvent de la propreté du corps.

Aimez le travail ; quand l'esprit et les mains sont occupés, on ne songe pas à mal faire, on est content de soi et des autres. Après une journée bien employée, vous vous endormirez tranquillement, car vous aurez la conscience d'avoir rempli votre devoir et d'avoir satisfait vos parents.

Le travail est un préservatif contre l'ennui ; le jeu ne peut remplir toute une journée, vous en seriez bientôt fatigués. Après quelques heures d'occupation, les distractions sont plus agréables et le plaisir est plus vif.

Défendez-vous contre les bêtes nuisibles ; quant à celles qui vous servent, ménagez-les pour le bien qu'elles vous font et qu'elles peuvent vous faire encore.

Les animaux domestiques nous rendent d'utiles services : le chien nous garde, le bœuf laboure nos champs, le cheval et l'âne nous traînent et portent nos provisions, les vaches nous donnent leur lait, les brebis leur toison, les poules leurs œufs. C'est être bien méchant que de les maltraiter.

XVI. Conseils aux enfants. (Suite.)

À l'époque du renouvellement de l'année, aux anniversaires des fêtes, les premières visites doivent être pour les parents, les maîtres, les protecteurs.

Quand vous allez visiter des étrangers, il est convenable de choisir les heures où vous êtes assurés de ne les point trouver à table et de ne les point déranger dans leurs occupations.

Un jeune garçon, après avoir salué les maîtres de la maison avec respect, se tiendra le corps droit sur sa chaise, ayant son chapeau ou sa casquette sur les genoux.

Si la personne que l'on va voir se disposait à sortir ou à se mettre à table, il faut se retirer au bout de quelques minutes.

Les enfants ne doivent s'asseoir qu'après avoir vu toutes les grandes personnes assises ; les dernières places sont celles qu'ils prendront. Il serait très inconvenant qu'un enfant occupât un coin de la cheminée en hiver ; cette place est réservée pour les personnes plus âgées.

Le plus ordinairement, c'est avec leurs parents que les enfants vont en visite ; leur conduite doit être réglée de manière à ne pas se faire réprimander chez les étrangers.

S'il arrive que les enfants de la maison vous engagent à vous retirer à l'écart avec eux pour vous proposer quelque amusement ou vous entretenir de choses convenables à votre âge, prêtez-vous de bonne grâce à cette invitation sans oublier la présence des grandes personnes.

Ne cherchez point à faire avancer ou reculer le moment du départ. Rappelez-vous toujours que la soumission de caractère est une vertu de rigoureuse obligation pour les enfants.

XVII. Conseils aux enfants. (Suite.)

Respectez soigneusement la propriété d'autrui. Non-seulement vous ne devez point prendre ce qui n'est point à vous, mais encore vous ne devez pas y toucher; vous ne devez pas même désirer ce qui appartient à un autre.

Les enfants s'imaginent quelquefois qu'il n'y a point de mal à prendre des objets sans valeur; ils ont tort: cela n'est point permis, il ne faut pas le faire. Prendre dans la classe une plume ou une petite feuille de papier est très-mal; il faut bien se garder de ces sortes de fautes, elles peuvent mener plus loin qu'on ne le croit.

Quand vous allez vous promener dans les champs ou dans les vignes, pensez-vous que ce soit bien d'y dérober des fruits et de les faire, par exemple, tomber à coups de pierres pour les ramasser ensuite? Si vous aviez planté et cultivé un pommier avec bien du soin, seriez-vous contents qu'on vînt vous dérober vos pommes? Non, sans doute. Eh bien donc, pourquoi prenez-vous les pommes d'autrui?

Vous ne devez pas même, quand vous entrez dans un jardin, cueillir une fleur sans la permission du maître; car, pour tout ce qui tient au respect de la propriété, on ne saurait être trop scrupuleux.

Faites bien attention aussi, quand vous vous promenez dans les champs, de ne pas endommager les clôtures et de ne pas marcher sur une terre ensemencée. Voudriez-vous qu'on foulât aux pieds le blé que vos parents doivent recueillir afin d'en faire du pain pour vous?

XVIII. Conseils aux enfants. (Fin.)

Quelques enfants sont sujets à un défaut qui a des conséquences bien funestes : ce défaut s'appelle la mauvaise honte. Savez-vous bien, mes enfants, ce que c'est que de céder à la mauvaise honte ? C'est ne pas faire ce qui est bien, par crainte des mauvaises plaisanteries ; c'est se laisser entraîner à ce qui est mal, pour ne point s'exposer à être appelé mauvais camarade ; c'est rougir de ce qui est bien, et ne pas oser manifester les bons sentiments que l'on éprouve.

Quelle faiblesse de se laisser ainsi dominer ! Ne sentez-vous pas, mes enfants, que l'on ne doit jamais rougir que de ce qui est mal ? Ne comprenez-vous pas que craindre les mauvaises plaisanteries, c'est manquer de courage ? Celui qui, étant enfant, n'ose pas braver, pour faire son devoir, les railleries des étourdis, n'aura jamais, étant devenu grand, la force d'âme nécessaire pour être un honnête homme. Ne cédez donc jamais à un sentiment de mauvaise honte.

Je finis ces conseils, mes enfants, par celui qui est le plus important de tous et qui peut tenir lieu de tous les autres. Ayez toujours Dieu présent à la pensée ; observez fidèlement sa loi et honorez ses ministres.

Un enfant pieux est la consolation et la gloire de sa famille.

Chaque jour, il fait ses prières, non du bout des lèvres, mais du fond du cœur ; il assiste aux offices religieux avec régularité et avec ferveur ; il respecte les choses saintes ; il donne en tout le bon exemple, et il n'oublie jamais qu'à toute heure il est sous le regard de Dieu, son père, son bienfaiteur et son juge.

Anecdotes instructives.

XIX. Courage et désintéressement d'un enfant.

Au mois de Juin 1850, un enfant de huit à dix ans, jouant sur le bord du canal Saint-Martin, à Paris, tomba dans l'eau; il allait se noyer. A cette vue, un apprenti menuisier, âgé de quinze à seize ans, nommé André Looten, s'élance tout habillé dans le canal, au péril de sa vie, et parvient à le ramener vivant sur le bord. Il y avait là beaucoup de monde. On se presse autour du généreux André, on le comble d'éloges; mais il répond modestement qu'il n'a fait que son devoir. On le conduit presque par force chez le Commissaire de police, qui veut lui remettre les 25 francs que l'on accorde, à Paris, à ceux qui ont sauvé une personne qui se noyait. André répond qu'il ne veut d'autre récompense que l'estime des honnêtes gens, refuse les 25 francs et retourne tranquillement à son travail.

L'Apprenti reconnaissant.

Achille Monneret, ayant été placé comme apprenti à l'âge de douze ans, chez un relieur nommé Meslant, était devenu à l'âge de vingt ans un excellent ouvrier.

Meslant mourut, laissant une femme et un petit enfant sans ressources. Monneret pourvut à leurs premiers besoins. Puis, on offrit à la veuve une bonne place dans un département éloigné; mais on ne voulait pas qu'elle amenât son fils avec elle. Elle ne pouvait accepter.

« Acceptez cette place, lui dit Monneret et soyez tranquille sur le sort de votre enfant; je m'en charge comme s'il était le mien.

La veuve partit en versant bien des larmes. Monneret garda l'enfant; il l'a élevé avec les soins du père le plus tendre, et l'a mis, à ses frais, en apprentissage chez un bon maître.

XX. Le bon voisin.

Dans un village d'Auvergne, situé au milieu des montagnes, vivait un honnête paysan nommé Michel.

Une nuit, il est réveillé en sursaut par un bruit extraordinaire. Le feu avait pris dans le village. Il s'élance au secours, il multiplie ses efforts; mais ce pauvre village n'avait pas de pompes; l'incendie fait des progrès rapides. On vient avertir Michel que le feu va gagner sa maison. Et celle de mon voisin Jacques? dit-il. Jacques était un pauvre journalier, qui n'avait ni femme ni enfant. « La maison de Jacques brûle déjà, lui répondit-on, et vous n'avez pas un moment à perdre, si vous voulez sauver vos meubles et vos provisions ».

— J'ai auparavant, dit-il, quelque chose de plus précieux à sauver : Jacques est malade et hors d'état de s'aider lui-même; il va périr infailliblement s'il n'est pas secouru, et je suis sûr qu'il compte sur moi. »

Aussitôt il vole à la maison de Jacques, et, sans songer à la sienne, il se précipite à travers les flammes, qui gagnaient déjà le lit du malade; il passe sous une poutre embrasée près de s'écrouler; sa promptitude lui fait éviter ce danger; il arrive auprès de Jacques, le charge sur ses épaules et le conduit heureusement en lieu de sûreté.

Les habitants de la ville voisine, apprenant cet acte de dévouement, en furent charmés. Ayant ouvert une souscription entre eux, ils donnèrent à Michel une coupe d'argent, sur laquelle sa belle action était gravée, et qu'ils avaient remplie de pièces d'argent d'une valeur égale à celle de sa maison et de son mobilier.

XXI. Hospitalité généreuse.

Une jeune personne, âgée de vingt-deux ans nommée Françoise Sellier, après avoir servi quelques années dans les environs de Paris, voulut retourner chez ses parents, dans un village du département de la Meuse. Avant son départ, elle vint à Paris pour faire ses adieux à une portière nommée Ansement qui était née dans le même village qu'elle.

Françoise se trouva si fatiguée que la dame Ansement ne voulut pas la laisser monter en voiture et la contraignit d'accepter l'hospitalité chez elle. La pauvre fille fut attaquée d'une maladie très grave, qui fit bientôt des progrès alarmants.

Les amis de la dame Ansement et le médecin qu'elle avait appelé lui conseillaient de faire conduire la jeune fille dans un hôpital, en lui déclarant que la maladie était contagieuse; mais ni le danger, ni les dépenses ne purent la déterminer à abandonner sa compatriote.

Elle donne à la malade son propre lit; Elle ne la quitte ni jour ni nuit, et, pendant deux mois, ne cesse de lui prodiguer les soins d'une mère tendre, sans quitter ses vêtements et presque sans prendre de repos. Ses soins sauvent enfin la malade.

Un personnage puissant, qui fut instruit de cette conduite, ayant envoyé à la dame Ansement un secours qui devait l'indemniser de tant de dépenses, elle fit présent de cette somme à la jeune convalescente, pour fournir aux frais de son voyage.

———————

XXII. La bonne sœur.

Mathurine Méha, fille d'un instituteur primaire du Morbihan, devint orpheline de bonne heure, et remplit tous les devoirs d'une mère auprès de son frère plus jeune qu'elle de quelques années. Elle consacra à son éducation une somme de deux mille francs qu'elle avait recueillie dans la succession paternelle, et lorsque, à l'aide de ce sacrifice, elle fut parvenue à le faire entrer à l'École normale de Rennes, elle attendit qu'il devînt instituteur pour continuer auprès de lui la mission qu'elle s'était imposée.

Le jeune Méha, après deux années d'étude à l'École normale, fut envoyé au Croisic, où il se maria. Mathurine partagea tous ses travaux et contribua au succès de son école sans réclamer jamais aucune part des produits.

Méha mourut, laissant une femme toujours malade et cinq enfants, dont l'aîné touchait à peine à sa onzième année.

Mathurine restait le seul appui de cette femme mourante et de ses cinq enfants. Vouée dès sa jeunesse à l'éducation; il lui manquait cependant le brevet de capacité; il lui fallut renoncer à l'enseignement. Par une résolution vraiment héroïque, Mathurine chercha dans les travaux les plus rudes, qui n'appartiennent ni à son sexe, ni à son âge, les moyens de faire exister la famille qu'elle avait si généreusement adoptée. Elle transporta des pierres sur la jetée du Croisic.

Ce dévouement de tous les jours s'accomplit sous les yeux d'une population qui conservera le souvenir d'une si grande vertu.

XXIII. Intrépidité et dévouement.

David Lacroix est un marin né à Dieppe, et Dieppe s'en félicite ; car depuis qu'il existe, David Lacroix a préservé de la mort cent dix-sept malheureux....

Dès qu'un orage se prépare, dès qu'un bateau pêcheur apparaît au loin battu par la tempête, David Lacroix est là, debout sur la jetée, sentinelle avancée, épiant le danger, et au premier cri d'alarme il est à la mer !

Et, comme si l'intrépide Lacroix était né pour combattre et vaincre les éléments les plus furieux, en mars 1844, un incendie éclate à bord d'une goëlette, et, ce qui redoublait les alarmes, c'est qu'il y avait alors dans le port trente ou quarante navires prêts à partir pour Terre-Neuve ; l'incendie pouvait les atteindre.... Pas un moment à perdre, et tous ceux qui étaient à bord du navire enflammé s'étaient hâtés de l'abandonner.

Ce feu si terrible que chacun fuyait, voici un homme qui l'affronte ; il descend par une étroite ouverture où son corps pouvait passer à grand'peine, et, au risque d'être suffoqué par la fumée ou dévoré par les flammes, il travaille tranquillement et arrête l'incendie.

Cet homme, c'était David Lacroix, c'était celui que la ville de Dieppe a surnommé le Sauveur.... Aussi lorsque le gouvernement envoya au brave marin la décoration de la Légion d'honneur, elle lui fut remise devant les troupes sous les armes, aux acclamations de la population entière, et ce fut pour la ville un jour de fête.

XXIV. Le brave Tambour.

Dès l'âge de dix-sept ans, Lamy, tambour dans un régiment, se distingua au siège de Saragosse; quelques mois après il montra également la plus grande bravoure à l'attaque d'une forteresse, montant le premier sur la brèche et entraînant ses camarades par son exemple; deux ans plus tard, on le retrouve à Coïmbre, (Portugal), battant le ralliement sous le feu de l'ennemi.

En 1813, il traverse la Bidassoa à la nage, ayant sa caisse sur la tête il bat la charge, détermine les grenadiers français à passer la rivière à gué à sa suite; et la position occupée par les Espagnols est emportée.

En 1814, dans la glorieuse et fatale campagne de France, au siège de Soissons, il fait à lui seul, dans une sortie, seize prisonniers.

Le 18 Juin 1815, au pont d'Ouarre, (Belgique), le porte-Aigle du régiment se voyant pris et blessé mortellement, jette, avant d'expirer son drapeau dans la rivière. Cette dernière pensée, ce dernier mouvement de l'homme, sont encore dépassés par Lamy. Il ne lui suffit pas que l'aigle française ne soit pas tombée captive aux mains de l'ennemi, il veut la remettre en des mains françaises; il se précipite dans la rivière sous le feu meurtrier de l'ennemi, ressaisit le drapeau et le remet sur l'autre rive à son Colonel.

Licencié deux mois après, il rentrait dans son village, où il se montra aussi bon ouvrier qu'il avait été brave soldat.

XXV. Le Nid d'oiseaux.

Par une belle matinée de printemps, un sage vieillard s'acheminait vers un bocage pour méditer.

Une fauvette, voltigeant de buisson en buisson, remplissait l'air de ses gémissements; ces sons plaintifs frappent l'oreille du sage; il cherche quelle en peut être la cause.

Un jeune garçon, les yeux brillants de plaisir, s'était emparé du nid et des petits de l'oiseau désolé; et, tandis que cette mère infortunée faisait retentir les environs des cris de sa douleur, il traversait la prairie en courant. «Un moment, mon petit ami, lui dit le vieillard en l'arrêtant; suspends ta course pour entendre un bon conseil. Les cris plaintifs de cet oiseau ne te touchent-ils point? Vois son inquiétude; entends cette mère exprimer sa douleur sur la perte de ses petits; ses petits qu'elle aime tendrement, qu'elle couvait avec tant de soin, en attendant que le temps leur eût donné des ailes et qu'elle eût pu les conduire elle-même dans le taillis, où, libre et sans crainte, elle eût rempli l'air des accents de sa joie. N'auras-tu pas pitié d'elle? Si tu gardes ces petits oiseaux, ils périront bientôt; si tu les rends à leur mère, ils égayeront nos bocages par leur chant, et ils aideront à détruire les chenilles qui infestent nos jardins, et qui font périr dans leur germe les fruits et les fleurs.»

L'aimable enfant écouta ces paroles avec respect et fut reconnaissant de ce bon avis; il s'empressa de remettre le nid à sa place, et, dans la suite, il ne troubla plus les couvées d'oiseaux.

XXVI. Les Fleurs favorites.

Eugène, Louis et leur sœur Pauline se promenaient par un beau jour de printemps, dans la campagne émaillée de mille fleurs.

Les trois enfants dirent: « Parmi toutes ces fleurs, que chacun de nous aille choisir celle qu'il préfère à toutes les autres. »

Ils se séparent et courent à la recherche. Peu de temps après ils reviennent portant chacun un bouquet.

Eugène avait fait choix de la violette. « Voyez, dit-il, elle fleurit à l'ombre, entre la mousse et les tiges des arbustes. Elle se cache, mais son parfum la fait découvrir. C'est l'emblème de la modestie. Voilà pourquoi je la préfère. »

Louis avait choisi le lis des vallées, qui croît à l'ombre des bocages, et dont les fleurs, en forme de cloche, sont blanches comme des perles. « Quelle blancheur, dit-il, et quel parfum! C'est l'image de l'innocence et de la pureté du cœur. C'est ma fleur chérie. »

Pauline avait cueilli des myosotis, dont la corolle bleue est si jolie et si délicate. « Voyez, dit-elle, cette fleur que j'ai trouvée sur le bord du ruisseau. Son nom est souvenez-vous de moi. C'est la fleur du souvenir, c'est celle de la reconnaissance et de l'attachement; ce sera la mienne. »

Puis, mêlant toutes ces fleurs ensemble, les enfants en firent deux guirlandes, qu'ils allèrent offrir à leur père et à leur mère.

« Quels charmants bouquets! dirent les parents: l'amour, la modestie et la vertu d'un cœur pur y sont réunis! chers enfants! nous les recevons avec joie comme le gage de vos sentiments. »

XXVII. La Désobéissance.

Gustave célébrait, en un beau jour d'automne, le huitième anniversaire de sa fête. Ses parents l'avaient comblé de beaux présents, et lui avaient permis d'amener à la maison quelques-uns de ses amis.

Ils se livraient ensemble à leurs jeux dans le vaste jardin à côté duquel Gustave en avait lui-même un petit, où il cultivait des fleurs et des arbres fruitiers. Il y avait le long d'un mur du grand jardin quelques jeunes pêchers, qui portaient du fruit pour la première fois. Les fruits commençaient à mûrir, et par le léger duvet qui les couvrait, ils ressemblaient à de petites joues rouges. Cette vue excita le désir des jeunes garçons.

Mais Gustave leur dit : « Bon père m'a défendu de toucher à ces pêches : ce sont les premières que ces jeunes arbres portent ; venez, j'ai aussi mon jardin, moi, et vous y trouverez toutes sortes de fruits. Allons-nous-en d'ici, ces pêches pourraient nous causer une trop forte tentation. »

Les jeunes garçons repartirent : « Qui t'empêche de les cueillir pour que nous les mangions ? Quand tes parents n'y sont pas, c'est toi qui es le maître du jardin. N'est-ce pas ta fête aujourd'hui ? Tu ne peux pourtant pas être toujours un enfant que l'on mène à la lisière !

— Oh ! non, leur disait encore Gustave, mon père l'a défendu ; venez avec moi. » Alors les autres dirent : « Ton père ne nous voit pas, comment le saura-t-il ? Et s'il demande qui a cueilli ces pêches, tu diras que tu ne le sais pas....

XXVIII. La Désobéissance. (Suite.)

Gustave repoussa ce conseil : « Fi donc ! répondit-il ; je serais obligé de mentir et la rougeur de mes joues me trahirait bientôt. »

— Gustave a raison, dit alors le plus âgé. Écoutez, je sais un autre moyen. Le voici : c'est nous qui cueillerons les pêches, et toi, Gustave, tu pourras dire sans mentir que ce n'est pas toi qui les as prises. »

Gustave et les autres se rendirent à cet avis, et ayant cueilli les fruits, ils se les partagèrent.

Quand le soir fut venu, les jeunes garçons retournèrent chez leurs parents ; mais Gustave resta dans le jardin : car il craignait de paraître devant son père ; quand il entendait ouvrir la porte de la maison, il frissonnait, et quoique d'ordinaire il ne fût pas peureux, il était saisi de frayeur.

Son père vint enfin le chercher, et aussitôt que Gustave entendit le bruit de ses pas, il courut promptement de l'autre côté du jardin dans le voisinage du sien. Le père l'y suivit et ayant remarqué de quelle manière ses arbres avaient été dépouillés, il s'écria : « Gustave ! Gustave ! Où es-tu ? » L'enfant entendant prononcer son nom, sentit redoubler son effroi, et il tremblait de tous ses membres.

Mais le père vint à lui, et lui dit : « Est-ce pour célébrer ta fête et pour me témoigner ta reconnaissance que tu as pillé mes jeunes arbres ?

— Je n'ai pas touché aux arbres, mon père, répondit aussitôt Gustave ; c'est peut-être quelqu'un de mes camarades qui aura fait cela.

XXIX. La Désobéissance. (Suite.)

Alors le père le conduisit dans la maison, le plaça devant lui à la clarté d'un flambeau, et lui dit : « Veux-tu encore tromper ton père ? »

Et ces mots, le jeune garçon pâlit et trembla, et, au milieu de ses pleurs et de ses supplications, il avoua à son père ce qui s'était passé.

Mais le père lui dit : « Dès ce moment, l'entrée du jardin t'est interdite..... »

Après avoir dit ces paroles, il s'éloigna. Quant à Gustave, il ne put dormir de toute la nuit ; il était en proie à la frayeur au milieu des ténèbres ; il entendait le battement de son cœur, et, s'il lui arrivait de sommeiller, il avait des rêves affreux. Jamais, depuis qu'il était au monde, il n'avait eu de nuit aussi pénible.

Le jour suivant, Gustave arriva pâle et abattu ; sa mère en fut touchée ; elle dit à son mari : « Voyez, Gustave est bien triste et affligé, et le jardin qui lui est fermé est pour lui un signe que le cœur de son père lui est aussi fermé.

— Oui, il lui est fermé, répondit le père, et voilà pourquoi je lui ai interdit le jardin.

— Ah ! repartit la mère, faut-il que le jour de sa fête ait pour lui un lendemain si triste !

— Oui, répondit le père, puisqu'il a signalé le jour de sa fête par la désobéissance et par le mensonge.

————————

XXX. La Désobéissance. (Fin.)

Au bout de quelques jours, la mère demanda la grâce de Gustave; mais le père se montra ferme. « Je ne veux lui pardonner, dit-il, que lorsque j'aurai la certitude de son repentir. »

Gustave se repentait sincèrement, et ne songeait qu'à mériter son pardon et à l'obtenir. Un matin, il sortit de sa chambre tout ému et tout tremblant. Il avait ramassé dans une corbeille tous les cadeaux que ses parents lui avaient faits; il apporta cette corbeille, et il vint la placer aux pieds de son père et de sa mère.

« Que signifie cela, Gustave? » lui demanda son père. Et le jeune garçon répondit: « Je ne me suis pas montré digne de la bonté et de l'amour de mes parents; c'est pourquoi je leur rapporte tous ces présents que je ne mérite pas. Mais Dieu m'est témoin que dès ce moment je commence une vie nouvelle. Oh! veuillez me pardonner, en faveur de mon repentir aussi profond que sincère. »

En entendant ces paroles, le père serra son enfant dans ses bras, le combla de caresses et l'arrosa de ses larmes; la mère ne fut pas moins émue.

Tous ces cadeaux que tu me rends, dit le père, je les reçois, et je te les rends à mon tour, parce que je vois que tu es redevenu digne de ma tendresse.

Gustave, au comble de la joie, mêla ses larmes aux larmes de ses parents, et, depuis ce jour, il ne fut plus ni désobéissant ni menteur.

Paris. — Typographie de Ch. Labure, rue de Vaugirard, 9.

Principaux événements de l'histoire de France.

XXXI. La Gaule avant l'invasion romaine.

Longtemps avant la naissance du Sauveur du monde, le pays appelé aujourd'hui la France portait le nom de Gaule.

Les Gaulois étaient un peuple extrêmement spirituel et brave, et poussant même le courage jusqu'à la témérité.

Ils adoraient de fausses divinités, dont leurs prêtres se nommaient druides; des poètes, appelés bardes, consacraient par leurs chants le souvenir des grandes actions.

Les Gaulois apprenaient tout par cœur et n'écrivaient rien; aussi le souvenir de leur histoire est presque entièrement perdu, et nous ne connaissons que les rapports qu'ils ont eus avec les Grecs qui avaient bâti sur la côte de la Méditerranée la ville de Marseille, et surtout avec les Romains.

Les Gaulois, ayant envahi l'Italie prirent Rome et la brûlèrent.

Mais deux siècles après, les Romains, étant devenus maîtres de toute l'Italie, passèrent les Alpes et firent la guerre aux Gaulois.

La Gaule était alors partagée entre un très-grand nombre de peuples indépendants les uns des autres, qui se faisaient continuellement la guerre entre eux; leurs divisions facilitèrent la conquête du pays par les Romains. Jules César, un des plus célèbres capitaines de l'antiquité, parvint à achever cette conquête, et un demi-siècle avant l'ère chrétienne, il fit de la Gaule une province de l'Empire romain. Cet empire s'étendait non seulement en Europe, mais encore en Asie et en Afrique, et comprenait la plus grande partie du monde connu des anciens.

XXXII. La Gaule romaine.

Les Romains, devenus maîtres de la Gaule y introduisirent leur religion, leurs mœurs, leurs usages; les habitants de la Gaule furent déclarés citoyens romains.

La langue des Romains, qu'on appelle langue latine fut généralement adoptée; c'est de cette langue qu'est dérivée la langue que nous parlons aujourd'hui, qui cependant a conservé un assez grand nombre de mots appartenant à l'ancien idiome gaulois.

La religion des Romains, qui consistait, comme celle des Druides, à adorer de fausses Divinités, fut introduite dans la Gaule; enfin la Gaule devint tout à fait romaine et partagea les destinées de cet immense empire, dont elle était la province la plus riche et la plus florissante.

On appelait primitivement Aquitaine la portion de la Gaule qui est située entre les Pyrénées et la rive gauche de la Garonne; sous les Romains, on ajouta à l'Aquitaine le pays situé entre la Garonne et la Loire.

On nommait Belgique le pays qui s'étend entre le Rhin et la Somme.

On appelait Narbonnaise la partie qui fut ensuite nommée Languedoc et Provence.

La portion qui forme le reste de la Gaule s'appelait Celtique ou Lyonnaise.

Les villes de Vienne, d'Autun, d'Arles, de Narbonne, de Lyon, de Bordeaux étaient très-riches et très-célèbres. A Paris, les gouverneurs romains avaient un grand palais, dont quelques ruines subsistent encore, et qui était entouré d'un parc immense.

Paris porta dans les temps les plus reculés le nom de Lutèce.

Il y a encore en France de superbes restes des monuments élevés sous la domination romaine; les plus remarquables sont la Maison Carrée de Nîmes et le pont du Gard.

XXXIII. La Gaule chrétienne.

C'est sous la domination romaine qu'a eu lieu l'événement le plus considérable de l'histoire de notre pays, à savoir l'abolition du culte des faux dieux et l'introduction de la véritable religion. De Rome la lumière de l'Évangile se répandit promptement dans la Gaule; et malgré la fureur des tyrans et des persécuteurs, le nombre des fidèles s'accrut avec une rapidité inouïe.

Les premiers Évêques furent en même temps d'illustres martyrs de la foi: Saint Pothin et Saint Irénée à Lyon; Saint Denis à Paris; un peu plus tard Saint Hilaire, évêque de Poitiers et Saint Martin, évêque de Tours, furent comptés parmi les plus célèbres apôtres de la Gaule et les plus ardents soutiens de l'orthodoxie.

Touché des vertus des chrétiens, un empereur qui, dans un partage momentané de l'empire romain, avait eu pour sa part la Gaule, l'Espagne et la Grande-Bretagne, Constance Chlore, qui résidait à Paris, au lieu de persécuter les chrétiens comme ses prédécesseurs, les favorisa de tout son pouvoir. Hélène, son épouse, était chrétienne.

Enfin, on rapporte que le fils de Constance Chlore et d'Hélène, Constantin, ayant été proclamé empereur, et marchant dans la Gaule à la rencontre d'une armée ennemie vit tout à coup dans les airs le signe sacré de la religion, la croix entourée de ces mots tracés en lettres de feu: Tu vaincras par ce signe. Constantin adopta la croix pour étendard, vainquit ses ennemis, et devint maître de tout l'Empire romain. Constantin embrassa la religion chrétienne et la déclara religion de l'Empire (313).

Sous les successeurs de Constantin, l'Empire s'affaiblit; il se scinda en deux, l'Empire d'Orient, qui eut pour capitale Constantinople, et l'Empire d'Occident, dont Rome et la Gaule firent partie.

XXXIV. Invasion des barbares.

Avant le partage de l'Empire romain, les peuples barbares, profitant de sa décadence, ne cessaient d'en ravager les frontières. Après ce partage, leurs attaques devinrent plus multipliées et plus désastreuses. L'Empire d'Occident surtout fut en proie à leurs invasions.

Ces peuples venaient du nord de l'Europe et même du centre de l'Asie : ils se précipitaient les uns sur les autres et se ruaient sur les provinces de l'Empire d'Occident. La plupart traversaient le Rhin et commençaient par ravager la Gaule, puis ils envahissaient l'Italie, l'Espagne, et de là passaient en Afrique. La Gaule eut à souffrir des maux épouvantables.

Parmi ces peuples on compte les Vandales, animés d'une sauvage fureur de tout détruire, les Ostrogoths, les Visigoths, les Burgundes ou Bourguignons, les Alains, les Francs, les Suèves, et les Huns, pires que tous les autres. Sous leurs attaques multipliées, l'Empire d'Occident s'écroula.

Les barbares ne se contentèrent plus de ravager la Gaule, ils s'y établirent : les Bourguignons ou Burgundes y formèrent un royaume dont la capitale fut Vienne; les Visigoths s'emparèrent de presque tout le pays entre la Loire et les Pyrénées, et possédèrent aussi l'Espagne : leur capitale était Toulouse; les Francs s'établirent sur la rive gauche du Rhin.

Les Francs étaient un peuple d'origine teutonique, c'est-à-dire allemande; ils habitaient primitivement entre le Rhin et le Weser. De tous les peuples barbares qui attaquèrent l'Empire romain c'était le plus brave.

C'est depuis eux que la Gaule a pris le nom de France; elle a eu successivement trois races de rois; les Mérovingiens; les Carlovingiens et les Capétiens.

XXXV. Les Francs.—Les Mérovingiens—Clovis.

Clovis (481-511) est considéré comme le fondateur de la monarchie française et comme le premier roi de la première race, qu'on appelle race des Mérovingiens, parceque le grand-père de Clovis se nommait Mérovée.

Lorsqu'il fut reconnu roi des Francs, les Francs ne possédaient dans la Gaule que quelques provinces sur la rive gauche du Rhin; le reste de la Gaule appartenait aux Romains, aux Visigoths et aux Bourguignons ou Burgundes.

Clovis, aussi habile que brave, fit la conquête de presque toute la Gaule, à l'exception de ce qui appartenait aux Burgundes. Il vainquit, dans une grande bataille près de Soissons, les Romains, qui possédaient encore le pays entre la Somme et la Loire, et il s'en empara. Il remporta une brillante victoire, à Vouillé près Poitiers, sur les Visigoths, tua leur roi Alaric de sa propre main, leur enleva presque tout le pays situé entre la Loire et les Pyrénées et les refoula en Espagne.

Ainsi le royaume de France fut, dès son origine, vaste et puissant.

Depuis Clovis, Paris, qui était déjà sous les Romains une ville très-importante, fut la Capitale de la France.

La marque distinctive des princes mérovingiens était de porter les cheveux longs; quand un roi mourait, tous ses fils étaient rois, et les provinces se partageaient entre eux.

Pour proclamer un roi, on l'élevait sur un pavois, c'est-à-dire sur un bouclier.

Clovis fit périr tous ses cousins, afin qu'après lui ses fils seuls portassent les cheveux longs et eussent le droit de régner.

XXXVI. Conversion des Francs.

L'événement le plus important du règne de Clovis est sa conversion. Ce roi était, ainsi que son peuple, barbare et idolâtre; il épousa la fille d'un roi des Burgondes, Clotilde, qui était chrétienne et très-attachée au catholicisme. Clotilde ne cessait d'engager son époux à abjurer l'idolâtrie, et, de jour en jour, Clovis, témoin de sa vertu, se sentait plus touché de ses avertissements.

Il écoutait aussi l'évêque de Reims, saint Remi, à qui il accordait une bienveillance toute particulière.

Enfin une circonstance décida sa conversion: il livrait bataille, auprès de Tolbiac, aux Allemands qui venaient de traverser le Rhin et voulaient enlever aux Francs la possession de la Gaule; les Francs, jusqu'alors victorieux dans tous les combats, commençaient à plier; Clovis faisait d'inutiles efforts pour ranimer leur courage et invoquait en vain le secours de ses faux dieux. Soudain, il se jette à genoux au milieu du champ de bataille: "Dieu de Clotilde, s'écria-t-il, si tu m'accordes la victoire, je promets d'embrasser ton culte." À cet instant, le sort de la bataille changea: les Francs, animés d'une ardeur nouvelle, repoussèrent leurs ennemis et remportèrent une victoire complète.

Clovis embrassa le christianisme, et les Francs suivirent son exemple; il fut baptisé, avec trois mille de ses guerriers, par saint Remi, dans la cathédrale de Reims.

Depuis, le royaume de France porta le titre de royaume très-chrétien.

Clovis, en mourant (511), laissa quatre fils entre lesquels le royaume fut partagé; les capitales de ces royaumes, qui subsistèrent peu de temps, furent Paris, Metz, Soissons et Orléans.

XXXVII. Décadence et chûte des Mérovingiens.

Les fils de Clovis s'emparèrent du royaume des Burgundes et le réunirent à la France, qui comprit dès lors toute l'ancienne Gaule ; mais la fatale habitude de partager le royaume entre les enfants des rois causa une longue suite de guerres civiles et amena des désordres et des crimes de toute sorte. Au milieu de tant d'orages, la France, sans le secours de la religion, serait retombée dans la barbarie.

On finit par couper les cheveux à la plupart des jeunes princes et à les renfermer dans des couvents, pour n'avoir plus que deux rois, l'un qu'on appelait roi de Neustrie et qui résidait à Paris ; l'autre qu'on appelait roi d'Austrasie et qui résidait à Metz ; puis enfin on n'eut plus qu'un seul roi ; mais ce roi n'était guère puissant : les maires du palais s'étaient emparés de toute l'autorité.

Les maires du palais, dans l'origine, ne commandaient qu'aux divers officiers et serviteurs de la maison royale ; insensiblement, ils devinrent premiers ministres et commandèrent en chef les armées. Leur emploi d'abord ne leur fut donné que pour un temps, puis à vie ; enfin il devint héréditaire.

Les derniers rois mérovingiens, s'abandonnant à l'oisiveté, laissaient toute l'autorité aux maires du palais : on les appela les rois fainéants. Bientôt ils ne furent plus rien ; les maires étaient tout. Le plus illustre des maires du palais fut Charles Martel : dans une grande bataille livrée entre Tours et Poitiers (732) il sauva la France, que voulaient envahir les Mahométans qui venaient de s'emparer de presque toute l'Asie, puis de l'Afrique septentrionale, et qui avaient conquis l'Espagne.

Le fils de Charles Martel, Pépin, surnommé le Bref à cause de sa petite taille, voulut avoir le titre de roi comme il en avait la puissance : il se fit sacrer roi (752), et le dernier des Mérovingiens, ayant eu les cheveux coupés, fut renfermé dans un couvent.

XXXVIII. Les Carlovingiens. — Charlemagne.

Ainsi commença la seconde race royale (752-987): on l'appela race des Carlovingiens, c'est-à-dire descendants de Charles, parce que le premier roi de cette race, Pépin le Bref était fils de Charles Martel.

Cette race, dans la personne de Pépin le Bref et surtout dans celle de son fils Charlemagne, jeta un grand éclat.

Ce mot Charlemagne veut dire Charles le grand; c'est son surnom réuni à son nom, et ce surnom il le mérita.

Charlemagne (768-814) s'illustra comme conquérant, et plus encore comme législateur; il protégea le saint-siège; il conquit l'Italie; il vainquit dans un grand nombre de batailles les Saxons, qui habitaient le nord de l'Allemagne; il détruisit le paganisme sur toute la rive droite du Rhin, et les Romains reconnaissants de ses bienfaits lui décernèrent le titre d'Empereur d'Occident.

Dans ce temps de ténèbres et d'ignorance, Charlemagne rendit de l'éclat aux études. Il aimait l'instruction et était lui-même fort instruit; il faisait élever sous ses yeux les enfants des premiers seigneurs de sa cour, il se plaisait à les interroger lui-même, et il leur disait: « Si vous étudiez avec zèle et si vous devenez des hommes instruits, j'aurai soin de vous; mais si vous êtes paresseux et ignorants, vous n'obtiendrez jamais rien de moi. » Malheureusement ses successeurs n'accordèrent pas aux lettres la même protection, et la France après lui retomba dans l'ignorance.

L'Église a mis Charlemagne au nombre des saints; sa fête se célèbre le 28 Janvier.

Charlemagne affectionnait beaucoup la ville d'Aix-la-Chapelle et y résidait habituellement; on y voit son tombeau dans le superbe cathédrale qu'il a bâtie; tous les sept ans, on expose ses reliques dans cette cathédrale et l'on célèbre en son honneur une fête religieuse qui attire à Aix-la-Chapelle un grand concours de peuple.

XXXIX. Les successeurs de Charlemagne.

L'empire que Charlemagne laissa à ses enfants comprenait, outre la France, toute l'Allemagne, les trois quarts de l'Italie et la partie de l'Espagne qui s'étend jusqu'à l'Èbre. Malheureusement les Carlovingiens, à l'instar des Mérovingiens, persévérèrent dans la fatale habitude de partager leurs États entre tous leurs enfants, il en résulta des maux encore plus graves. Non-seulement la France, l'Allemagne, l'Italie se séparèrent; mais chacun de ces pays fut souvent divisé, et le royaume de France fut considérablement restreint par suite de tous ces partages. Il y eut un royaume d'Aquitaine, un royaume de Loraine, un royaume de la Bourgogne Cisjurane, un royaume de la Bourgogne Transjurane. La plupart de ces royaumes durèrent peu de temps; mais la Suisse, le Belgique, les provinces situées sur la rive gauche du Rhin cessèrent de faire partie de la France.

Tandis que, sous les descendants de Charlemagne, la France était continuellement en proie à la guerre civile et à la confusion, les Normands la ravageaient impunément: c'étaient des pirates et des brigands venus des côtes du Danemark, de la Norvège et de la Suède; sur leurs barques ils remontaient toutes les rivières; ils pillaient et saccageaient le pays d'une manière horrible.

Ils assiégèrent Paris; mais les Parisiens se défendirent vaillamment sous les ordres d'Eudes, Comte de Paris; c'est-à-dire gouverneur de cette ville et de la contrée qui l'entoure. Enfin Charles le Gros, qui avait réuni presque tout l'héritage de Charlemagne, et qui était roi de France, d'Italie et d'Allemagne, vint au secours des Parisiens (888) et campa avec une armée sur les hauteurs de Montmartre; mais, au lieu de combattre les Normands il leur donna de l'argent pour les engager à partir.

Cette conduite le couvrit de honte; on ne voulut plus lui obéir, et on le déposa.

XL. Décadence et chute des Carlovingiens.

Dès lors la race des Carlovingiens fut perdue : elle cessa de régner en Italie et en Allemagne ; en France elle se maintint encore quelque temps au milieu des troubles ; mais Eudes comte de Paris, et après lui deux autres princes de sa famille disputèrent la couronne aux derniers rois de la famille Carlovingienne.

Un des rois Carlovingiens céda aux Normands la belle province qui depuis a porté leur nom ; ils embrassèrent la religion chrétienne ; leur chef reçut le titre de Duc de Normandie et devint un des grands vassaux de la couronne.

Voici ce que c'était que les vassaux et les grands vassaux.

Sous les Carlovingiens, les gouverneurs des provinces, qui portaient alors le titre de Ducs et de comtes, profitant de l'affaiblissement de l'autorité royale, rendirent héréditaires dans leurs maisons les charges que jusques là ils n'avaient possédées qu'à vie ; et à leur exemple et avec leur appui, leurs principaux subordonnés, usurpant à la fois et les terres et la juridiction, s'érigèrent en seigneurs propriétaires des lieux dont ils n'étaient que les magistrats civils ou militaires.

C'est ce qu'on appela le régime féodal ou régime des fiefs : le seigneur d'un fief reconnaissait l'autorité d'un seigneur plus puissant. Celui-ci s'appelait le suzerain ; l'autre le vassal ; les seigneurs les plus puissants, qui n'avaient d'autre suzerain que le roi, étaient appelés les grands vassaux de la couronne.

Ces grands vassaux, dans les provinces qu'ils s'étaient attribuées, exerçaient tout le pouvoir ; et l'autorité royale n'était plus qu'un vain nom. Le dernier des rois Carlovingiens ne possédait plus en propre que deux ou trois petites villes ; le reste du pays appartenait aux grands vassaux, dont le plus puissant était le comte de Paris, qu'on appelait aussi Duc de France, et qui possédait Paris et Orléans.

XLI. Avénement des Capétiens.

Enfin, le comte de Paris, Hugues Capet, de la famille d'Eudes, fut proclamé roi (987). Le dernier des princes carlovingiens fut écarté et mourut en prison. Dès lors le trône fut assuré à la troisième dynastie, qui, depuis près d'un siècle, le disputait à la seconde. Cette troisième dynastie fut appelée race des Capétiens.

Les princes de cette troisième race travaillèrent constamment à rétablir l'unité de la France, en fortifiant l'autorité royale. A la mort d'un roi, le royaume ne fut plus partagé entre ses fils : l'aîné seul hérita de la couronne.

Lorsque Hugues Capet fut proclamé roi, les plus puissants des grands vassaux après lui étaient le duc de Normandie, le comte de Flandres, le duc de Bourgogne, le comte de Champagne, le comte de Toulouse, le duc de Guyenne ou d'Aquitaine et le comte de Bretagne.

Sous chacun de ces grands vassaux, d'autres seigneurs possédaient des portions de province et des provinces entières : tels étaient les comtes de Foix, de Mâcon, de Périgord, d'Auvergne, d'Angers, et une infinité d'autres sous lesquels étaient des seigneurs qui possédaient de vastes domaines et qui demeuraient dans des châteaux fortifiés. Ces seigneurs se faisaient souvent la guerre les uns aux autres, et quand leur suzerain entreprenait une expédition, même contre le roi, ils étaient obligés de le suivre.

Tel était le régime féodal. La position des paysans était malheureuse et précaire, et ils étaient presque esclaves. Quant aux bourgeois des villes, les droits dont ils avaient joui du temps de la domination romaine avaient été en partie usurpés par les seigneurs, excepté dans quelques grandes villes, comme Paris, Toulouse, Bordeaux, où le régime municipal se maintint toujours.

XLII. État de la France à l'avénement des Capétiens

Lors de l'avénement des Capétiens, les pays qui s'étendent depuis Lyon jusqu'aux Alpes et à la mer, sur la rive gauche du Rhône, ne faisaient point partie du royaume de France; ils formaient un royaume particulier dont Arles était la capitale, et qu'on appelait tantôt royaume d'Arles, tantôt royaume de Bourgogne, quoique la Bourgogne actuelle n'y fût point comprise.

À cette époque, l'ignorance était profonde; les ecclésiastiques presque seuls savaient lire et écrire; les études n'étaient guère cultivées que dans les couvents, qui étaient nombreux et riches.

Dans ces temps de ténèbres, la chevalerie jeta un grand éclat. Les nobles seuls pouvaient être chevaliers. Tout chevalier devait être non seulement brave et intrépide, mais loyal, fidèle et généreux. Pour être reçu chevalier, il fallait avoir servi quelque temps en qualité d'écuyer ou de servant d'armes.

On ne connaissait point alors les armes à feu; les chevaliers étaient couverts d'une très-lourde armure; outre l'épée et la lance, ils avaient un poignard appelé dague, un bouclier, une cuirasse, des brassards, des cuissards; leur tête était entièrement couverte d'un casque percé de trous à la place des yeux, des narines et de la bouche, pour leur permettre de voir, de respirer et de parler. Ils montaient d'énormes chevaux bardés de fer.

Quand un chevalier était fait prisonnier, il était obligé pour recouvrer sa liberté, de payer une rançon à celui qui l'avait pris.

Les chevaliers et leurs écuyers ayant sous leurs ordres des hommes d'armes à cheval, composaient alors presque toute la force des armées; l'infanterie était peu considérable et peu estimée.

Il y avait peu de commerce, excepté dans les grandes villes; les routes étaient mal entretenues et peu sûres.

XLIII. Règne des premiers Capétiens.

Trois événements très-importants eurent lieu sous le règne des premiers rois capétiens.

Le premier de ces événements fut la dissolution du royaume d'Arles ou de Bourgogne, à la mort du dernier roi, Rodolphe le Fainéant (1032). Il n'eut point de successeur, et des débris de ce royaume se formèrent plusieurs États indépendants : le comté de Provence, le comté de Vienne ou Dauphiné, le comté de Savoie et le comté de Bourgogne ou Franche-Comté, dont la capitale était Besançon, et qu'il ne faut pas confondre avec le Duché de Bourgogne dont la capitale était Dijon. Tous ces pays, qui avaient été détachés de la France, ont fini par y être réunis, à l'exception de la Savoie. Les comtes et Ducs de Savoie, qui portent aujourd'hui le titre de roi de Sardaigne, acquirent de grandes possessions en Italie, entre autres le Piémont.

Le second événement est l'établissement de la trêve de Dieu (1035). Il fut statué que les hostilités entre les divers seigneurs seraient toujours suspendues depuis le mercredi soir jusqu'au lundi matin : par cette trêve, les guerres privées devinrent moins meurtrières et l'effusion du sang fut moins fréquente.

Le troisième événement est la conquête de l'Angleterre par un des grands vassaux du royaume de France (1066). C'était Guillaume, Duc de Normandie. A la tête d'une armée peu considérable, mais brave et bien disciplinée, il débarqua en Angleterre et brûla ses vaisseaux, afin que ses compagnons se vissent dans la nécessité de vaincre ou de périr. Il vainquit les Anglais dans une grande bataille s'empara de tout le pays et en devint le roi.

Dès lors, le roi d'Angleterre, en sa qualité de Duc de Normandie, se trouva vassal du roi de France.

XLIV. Les Croisades.

Les rois de la troisième race travaillaient avec persévérance à rétablir l'unité dans le pays et la force dans le gouvernement. Néanmoins, les premiers d'entre eux ne parvenaient guère à se faire obéir que dans leurs propres domaines, et encore, dans ces domaines mêmes, ils avaient souvent à lutter contre des vassaux rebelles.

Un grand événement vint seconder leurs efforts pour l'affranchissement du pays.

Voici quelle en fut l'occasion :

La ville de Jérusalem était tombée, depuis plus de trois siècles, au pouvoir des infidèles ; cependant, les pèlerins d'Occident qui allaient visiter les lieux saints n'étaient point maltraités ; mais les Turcs, peuple barbare, ayant embrassé la religion mahométane, s'emparèrent de Jérusalem, et firent souffrir aux pèlerins venus d'Occident des vexations inouïes. Alors le souverain pontife vint en France prêcher la guerre sainte, pour délivrer le tombeau du Sauveur. Ce fut un entraînement général ; on courait aux armes ; on s'écriait : « Dieu le veut ! Dieu le veut ! » Il n'y eut guère que les Français et les Italiens qui prirent part à cette première croisade.

Cette expédition et les suivantes s'appelèrent Croisades, parce que ceux qui y prenaient part portaient une croix de drap rouge sur l'épaule. Afin de subvenir aux frais de ces expéditions, beaucoup de seigneurs vendirent ou engagèrent leurs domaines. Les rois profitèrent de leur absence pour établir plus fortement l'autorité royale.

Le résultat de la première croisade fut très brillant : Jérusalem fut enlevée aux Turcs et devint la capitale d'un royaume français (1099-1187) qui fut plus tard détruit par les Turcs.

Il y eut ensuite plusieurs autres croisades, dont l'une eut pour résultat la fondation d'un empire français à Constantinople, empire qui ne dura guère qu'un demi-siècle (1206-1261).

XLV. Louis le Gros; Louis le Jeune.

Vers l'époque des croisades, beaucoup de communes se formèrent en France; les bourgeois et les paysans rentrèrent en possession des droits dont l'anarchie féodale les avait privés, et personne en France ne fut plus serf. Les villes, ou par argent ou par force, obtinrent des seigneurs soit la confirmation de leurs anciennes libertés, soit même de nouveaux privilèges; les rois favorisèrent de tout leur pouvoir cet affranchissement du peuple.

Louis le Gros (1108-1137) est un des princes qui ont le plus contribué à l'établissement des communes.

Il transmit à son fils Louis le Jeune (1137-1180) une autorité affermie. Louis le Jeune avait épousé Éléonore de Guyenne, fille unique et héritière du plus puissant des grands vassaux, et avait reçu d'elle en dot le Poitou, la Guyenne, la Gascogne, la Saintonge et l'Angoumois; mais, ayant emmené sa femme dans une croisade, et croyant avoir à se plaindre de sa conduite, il la répudia et lui rendit les riches provinces qu'elle lui avait apportées.

Alors un seigneur français, Henri Plantagenet, comte d'Anjou, était devenu, par héritage, duc de Normandie et roi d'Angleterre; il possédait aussi le Maine. Éléonore répudiée par le roi de France, épousa Henri Plantagenet et lui apporta en dot toutes ses provinces.

Ainsi le roi d'Angleterre se trouva posséder en France plus de provinces que le roi, ce qui amena bien des discordes et des guerres civiles; le roi d'Angleterre était pour le roi de France un vassal fort redoutable et très-peu soumis.

Sous Louis le Gros et sous Louis le Jeune, fleurirent deux hommes illustres; Suger, abbé de Saint-Denis, qui fut un grand et sage ministre, et saint Bernard, fondateur de l'abbaye de Clairvaux, qui fut aussi éloquent que pieux.

XLVI. Philippe-Auguste.

Philippe-Auguste (1180-1223), roi de France, fils de Louis le Jeune, et Richard Cœur-de-Lion, roi d'Angleterre, fils de Henri Plantagenet et d'Éléonore, se montrèrent presque continuellement jaloux l'un de l'autre et eurent ensemble beaucoup de démêlés. D'abord ils avaient entrepris de concert la troisième croisade, qui n'eut pas un très grand succès ; mais ensuite ils se firent la guerre, tantôt ouvertement, tantôt sous main.

Richard Cœur-de-Lion fut tué dans un siège, laissant un neveu, Arthur de Bretagne et un frère, Jean Sans-Terre. Jean s'empara de tout l'héritage et tua le jeune Arthur de ses propres mains. Ce crime fut commis à Rouen. La mère d'Arthur demanda justice au roi de France, parce que l'assassin était grand vassal de la couronne et que le crime avait été commis sur la terre de France. Jean Sans-Terre n'osa pas se présenter devant ses juges, qui le condamnèrent et déclarèrent tous ses domaines confisqués au profit de la couronne, c'est-à-dire du roi.

En conséquence, Philippe-Auguste s'empara de la Normandie, de l'Anjou, du Maine et du Poitou, et il réunit toutes ces provinces à la couronne. Puis il vainquit, dans une célèbre bataille, à Bouvines, une armée immense d'Anglais, d'Allemands, et de Flamands coalisés qui voulaient lui enlever ses conquêtes.

Ainsi, sous Philippe-Auguste, la puissance de la monarchie française se trouva doublée ; le roi d'Angleterre ne conserva en France que la Guyenne, la Gascogne et une partie de la Saintonge et de l'Angoumois.

Le règne de Philippe-Auguste est un des plus glorieux de notre histoire.

Malheureusement, sous ce règne les provinces du midi virent naître l'hérésie des Albigeois, ainsi appelée parce que la ville d'Albi et ses environs en étaient le principal foyer. Une croisade fut prêchée contre les Albigeois, et le Languedoc eut à souffrir tous les maux de la guerre civile.

XLVII. Saint Louis.

Le petit-fils de Philippe-Auguste Louis IX ou saint Louis (1226 - 1270), régna d'abord sous la tutelle de sa mère Blanche de Castille. En même temps qu'elle lui donnait une excellente éducation, elle administra sagement le royaume et fit rentrer dans le devoir plusieurs vassaux puissants qui croyant venir facilement à bout d'une femme et d'un enfant s'étaient révoltés.

Saint Louis fut à la fois le plus pieux des hommes, le plus vaillant des chevaliers et le plus juste des rois. Il se plaisait à s'asseoir sous un chêne, dans la forêt de Vincennes, auprès de Paris, et là il écoutait tous ceux qui avaient des plaintes ou des demandes à lui adresser.

Il défendit qu'à l'avenir les seigneurs se fissent la guerre les uns aux autres, et il voulut que toutes les contestations, au lieu d'être décidées par la force des armes, fussent portées devant les tribunaux. Sous ses prédécesseurs, la France n'était guère qu'une réunion de fiefs; sous lui et sous ses successeurs, elle fut véritablement un État.

Il fut vainqueur des Anglais dans deux batailles, à Taillebourg et à Saintes, et il aurait pu les chasser de France; mais plein de modération après la victoire, il laissa au roi d'Angleterre la Guyenne, la Gascogne et une partie de la Saintonge.

Ensuite il entreprit une croisade en Égypte. Il prit d'abord quelques villes de ce pays et vainquit les mahométans; mais ensuite, la famine et une maladie contagieuse ayant mis l'armée française hors d'état de combattre, Louis fut fait prisonnier: il étonna ces barbares par la grandeur de son courage tant qu'il fut entre leurs mains.

Rentré en France, il entreprit une nouvelle croisade et alla assiéger Tunis en Afrique, mais la peste se mit dans son armée et enleva ce saint et grand roi le 25 août 1270.

Ce fut la dernière croisade.

XLVIII. Philippe le Bel.

Sous Philippe le Hardi, fils de saint-Louis (1270-1285), le comté de Toulouse, qui comprenait presque tout le Languedoc, et sous Philippe le Bel, fils de ce dernier (1285-1314), le comté de Champagne furent réunis à la couronne. La France tendait toujours à l'unité qui devait faire sa force.

Philippe le Bel eut de très-sérieux démêlés avec le saint-siège. Pour sortir d'embarras, il convoqua les états généraux; c'était une assemblée nationale où siégeaient séparément les députés des trois ordres, à savoir: le clergé, la noblesse et le tiers état. Toutes les personnes qui, en France, ne faisaient partie ni du clergé ni de la noblesse, étaient comprises dans ce qu'on appelait le tiers état.

Depuis Philippe le Bel, les états généraux furent encore convoqués, mais rarement et seulement dans les cas de grande nécessité.

Vers la fin de ce règne, le saint-siège fut transféré à Avignon (1309). Cette ville fut pendant soixante-huit ans la résidence des papes; et lorsque ensuite ils la quittèrent pour retourner à Rome, elle continua de leur appartenir jusqu'à la révolution française de 1789.

Un autre événement remarquable de ce règne fut la réunion de la ville de Lyon à la couronne de France. Depuis la dissolution du royaume de Bourgogne, (1032), cette ville avait été en proie à une sorte d'anarchie; elle se donna à Philippe le Bel.

C'est aussi sous ce règne que fut détruit l'ordre des Templiers, qui avaient été accusés de plusieurs crimes. C'étaient des chevaliers, qui étaient moines en même temps, et à qui leurs grandes richesses avaient attiré beaucoup d'ennemis.

Sous Philippe le Bel, le parlement de Paris, qui existait depuis longtemps, fut organisé d'une manière plus complète. Ce parlement était un tribunal d'appel qui jugeait souverainement et qui exerçait une très-grande autorité.

XLIX. Avénement des Valois.

Philippe le Bel avait laissé trois fils. L'aîné, étant mort après un règne de deux ans, et n'ayant laissé qu'une fille, le second succéda à la couronne; c'est le premier exemple de l'application de la loi salique.

La loi salique n'est écrite dans aucun code; mais elle est considérée comme fondamentale et comme antérieure à toutes les autres lois de la France. Par cette loi, les femmes sont exclues de la couronne, qui se transmet de mâle en mâle, par ordre de primogéniture.

Le mot salique vient du nom des Saliens; les Francs qui étaient immédiatement sous le conduite de Clovis lorsqu'il fit la conquête de la Gaule, étaient appelés Francs saliens, et étaient ainsi distingués des autres tribus qui appartenaient à la même nation.

Le second fils de Philippe le Bel n'ayant laissé également que des filles, le troisième lui vint droit; et ce troisième fils, nommé Charles le Bel, étant mort sans enfants, le neveu de Philippe le Bel, nommé Philippe de Valois (1328-1350), fut appelé à la couronne.

De son nom, la branche des Capétiens qui régna depuis lors a été appelée branche des Valois.

Le roi d'Angleterre Edouard III, dont la mère était fille de Philippe le Bel et soeur des trois derniers rois, prétendit en vain à la couronne de France. On décida que, d'après la loi salique, sa mère n'ayant point de droit à la couronne, n'avait pu lui en transmettre.

Edouard, en sa qualité de Duc de Guyenne fut d'abord obligé de se soumettre au roi Philippe de Valois; mais il ne renonça pas à ses prétentions. Il déclara ensuite la guerre à Philippe, et alors commença entre la France et l'Angleterre une lutte qui dura plus d'un siècle, avec d'assez rares interruptions, et pendant le cours de laquelle la France eut à essuyer beaucoup de désastres.

L. Guerres avec l'Angleterre.

Dans les combats que la France soutint pendant plus d'un siècle avec l'Angleterre, celui des guerriers français qui mérita le plus de gloire fut Duguesclin, le brave connétable.

On appelait connétable un grand dignitaire de la couronne qui commandait en chef toutes les armées et avait sous ses ordres les princes du sang et les maréchaux de France. Duguesclin disait à ses soldats: « Souvenez-vous toujours que les prêtres, les femmes, les vieillards, les enfants et le pauvre peuple ne sont pas au nombre de vos ennemis. »

De tous les noms que cette guerre a immortalisés, le plus illustre est celui d'une jeune fille nommée Jeanne d'Arc.

Jeanne d'Arc était une simple bergère, fille d'un laboureur du village de Domremy. Elle se crut appelée par la volonté de Dieu à sauver la France, alors presque complètement envahie par les Anglais. Cette simple et noble fille remplit en effet une mission divine en ranimant le courage des Français et en ramenant la victoire sous leurs drapeaux; elle marchait à leur tête, mais elle ne versait jamais le sang. Elle répandit la terreur parmi les Anglais, les força à lever le siège d'Orléans, et conduisit le jeune roi Charles VII (1422-1461) à Reims, où il fut sacré. Malheureusement dans une sortie, elle tomba entre les mains des Anglais qui, pour se venger, la firent brûler vive (1431).

Mais ce crime ne leur profita pas. Ils essuyèrent ensuite des défaites continuelles; ils perdirent successivement toutes les places qu'ils occupaient, et environ vingt ans après la mort de Jeanne d'Arc (1453), ils étaient chassés de France, où cependant ils conservèrent encore quelque temps la ville de Calais.

C'est alors qu'après une longue séparation la Guyenne et la Gascogne, la Saintonge et l'Angoumois furent réunis à la couronne.

LI. État de la France après les guerres avec l'Angleterre.

Dès le temps de Philippe de Valois, le Dauphiné avait été réuni à la couronne, à la condition que le fils aîné des rois de France porterait à l'avenir le titre de Dauphin. Le Roussillon avait été aussi réuni. Par suite de l'expulsion des Anglais, les derniers restes de l'héritage d'Éléonore furent joints à la monarchie française qui commença à former un tout homogène.

Les rois continuèrent de donner aux princes de leur sang les titres de duc ou comte des diverses provinces; mais sans leur céder les droits anciennement attachés à ces titres, qui devinrent purement honorifiques. Quand Charles VII mourut, il possédait à peu près toute la France actuelle, à l'exception des provinces suivantes: la Bretagne, la Provence, la Franche-Comté, la Lorraine, l'Alsace, la Bourgogne, l'Artois, la Flandre et la Corse.

C'est à cette époque que les armes à feu commencèrent à être en usage. L'artillerie et l'infanterie furent aussi estimées que la cavalerie. La chevalerie tomba peu à peu en désuétude, et sous le règne des derniers Valois, le nom de chevalier n'était plus guère qu'un titre d'honneur.

Jusqu'à cette époque il n'y avait point eu d'armées permanentes. Le roi, quand les besoins de l'État l'exigeaient, convoquait les seigneurs, qui venaient en armes suivis de leurs vassaux. À dater de Charles VII, il y eut des troupes régulières et permanentes, qui furent soumises à une exacte discipline, et, pour les payer, des impôts furent établis.

Le fils de Charles VII, Louis XI (1461-1483). Fut un tyran soupçonneux et cruel, mais un homme d'État habile. Il détruisit les derniers vestiges de l'anarchie féodale, et réunit à la couronne le duché de Bourgogne et le comté de Provence.

LII. Louis XII; François Iᵉʳ.

Quand la France fut débarrassée des Anglais et délivrée des abus du régime féodal, les guerres d'Italie commencèrent. Deux rois qui se succédèrent, Charles VIII (1483-1498) et Louis XII (1498-1515) prétendant avoir des droits, le premier au royaume de Naples, le second au duché de Milan, firent des expéditions en Italie, où ils se signalèrent par des victoires glorieuses, mais stériles.

Louis XII répara en partie les malheurs de la guerre; il allégea le fardeau des impôts; il fut clément et bon, et mérita le surnom de Père du peuple. Sous lui, la Bretagne fut réunie à la couronne.

Louis XII fut secondé par un excellent ministre, le cardinal d'Amboise qui, comme lui, aima le peuple et en fut aimé: les arts commencèrent à fleurir en France, et il reste de ce règne de beaux monuments.

C'est à cette époque que le célèbre Christophe Colomb, Génois au service d'Espagne, découvrit le nouveau monde qui depuis, a été nommé Amérique.

Le successeur de Louis XII, François Iᵉʳ (1515-1547), continua avec plus de gloire que de succès les guerres d'Italie et fut continuellement en lutte avec l'empereur Charles-Quint, roi d'Espagne. Fait prisonnier à la bataille de Pavie, après s'être signalé par les plus brillants exploits, il resta près de deux ans captif en Espagne. On l'appelait le roi chevalier, à cause de son courage et de sa loyauté.

Sous lui, les lettres et les arts jetèrent le plus vif éclat, et la France s'éleva à cette suprématie intellectuelle qu'elle a toujours conservée depuis. Il favorisa les progrès de l'imprimerie, qui était découverte depuis une vingtaine d'années, et il ordonna qu'à l'avenir la langue française serait la langue officielle, à la place de la langue latine, qui jusqu'alors avait été seule en usage dans les tribunaux.

François Iᵉʳ fut surnommé le Père des lettres.

LIII. Les guerres de religion.

Le fils de François Ier, Henri II (1547-1559), qui réunit à la France les trois villes de Metz, Toul et Verdun et leur territoire, laissa quatre fils, dont trois régnèrent successivement, aucun d'eux n'eut d'enfants.

Sous les malheureux règnes de ces trois derniers Valois, nommés François II, Charles IX et Henri III, la France fut désolée à l'intérieur par les guerres de religion. Le calvinisme ou protestantisme se répandit dans le royaume, et les protestants, pour s'assurer le libre exercice de leur religion, eurent recours aux armes.

Dans cette guerre, interrompue par des trèves fréquentes, de grands excès furent commis de part et d'autre. Il y eut à Paris un cruel massacre des protestants, le jour de la Saint-Barthélémy, en 1572, où périt le plus célèbre chef des protestants, l'amiral de Coligny. Après ce massacre, la guerre civile recommença plus cruelle qu'auparavant; presque chaque année on concluait un traité de paix, et presque immédiatement après l'avoir signé, on reprenait les armes.

Comme les fils de Henri II n'avaient point d'enfants, et qu'après eux la couronne devait revenir à Henri de Bourbon, roi de Navarre, qui était protestant, une ligue se forma sous prétexte de veiller à la conservation de la foi catholique en France; mais, en réalité, les chefs de cette ligue ne songeaient qu'à usurper l'autorité royale.

Henri III, le dernier des rois de la branche des Valois, s'étant mis en marche pour venir assiéger Paris, qui était en pleine révolte, périt assassiné, laissant le royaume en proie à la plus affreuse confusion (1589).

Son successeur légitime était Henri de Bourbon, roi de Navarre, qui devint chef d'une nouvelle branche royale de la race capétienne, appelée branche des Bourbons; il descendait en ligne directe d'un fils de saint Louis.

LIV. Avénement des Bourbons-Henri IV; Louis XIII.

Henri IV fut obligé de reconquérir son royaume pied à pied; ses droits à la couronne ne pouvaient être révoqués en doute; son courage était héroïque; sa bonté lui gagnait tous les cœurs; mais l'immense majorité des Français, craignant qu'un prince protestant ne devînt nuisible à la religion catholique, refusait de se soumettre. Les Espagnols vinrent au secours des ligueurs: Henri IV gagna contre eux les deux célèbres batailles d'Arques et d'Ivry. Deux fois il assiégea et bloqua Paris, qui eut à souffrir les horreurs de la famine; mais, à travers l'armée du roi, on portait pendant la nuit des vivres aux assiégés, et il fermait les yeux pour adoucir les maux de ceux que, malgré leur résistance, il regardait comme ses enfants. Cependant il se faisait instruire sur la religion, il abjura le protestantisme et rentra dans le sein de l'Église catholique. Alors Paris lui ouvrit ses portes, et le reste du royaume fut bientôt entièrement soumis. Les Espagnols furent chassés.

Henri IV ne s'occupa plus que de guérir les maux que la guerre civile avait faits à la France, et aidé de Sully, son fidèle ministre, il se montra aussi habile administrateur qu'il avait été guerrier intrépide.

Il réunit à la couronne le Béarn et le pays de Foix, qui faisaient partie de son patrimoine, et depuis lui les rois de France portèrent le titre de rois de France et de Navarre.

«Je veux, disait-il que le plus pauvre ménage en France puisse, chaque dimanche, mettre la poule au pot.»

Mais il ne put voir s'accomplir ce vœu.

Il fut assassiné par un scélérat nommé Ravaillac (1610).

Il laissa la France dans un état florissant, le trésor public rempli, l'armée nombreuse et bien disciplinée.

Son fils Louis XIII (1610-1643), eut un ministre célèbre, le cardinal de Richelieu, qui contribua beaucoup à accroître au dedans la force du pouvoir royal, et au dehors l'influence de la France.

LV. Louis XIV.

Le successeur de Louis XIII fut son fils Louis XIV, dont le règne, qui dura soixante-douze ans (1643-1715), est le plus long et l'un des plus glorieux de ceux qui figurent dans notre histoire. Sa minorité fut troublée par une guerre civile connue sous le nom de la Fronde. Devenu majeur et régnant par lui-même, il jouit d'une autorité incontestée, qu'il exerça quelquefois d'une manière trop absolue.

Ses premières guerres furent heureuses; il réunit à la France, l'Alsace, la Franche-Comté, l'Artois, et cette partie de la Flandre qui forme aujourd'hui le département du Nord; mais la dernière guerre qu'il eut à soutenir fut signalée par de grands revers et mit la France à deux doigts de sa perte. Cette guerre cependant était juste: Louis XIV l'avait entreprise pour maintenir sur le trône d'Espagne un de ses petits-fils qui y avait été appelé par le testament du dernier roi et par le vœu des peuples, aussi bien que par le droit de sa naissance. Cependant cette guerre finit heureusement: l'Espagne resta au petit-fils de Louis XIV et devint l'alliée de la France. Louis XIV garda toutes ses conquêtes.

Sous Louis XIV, les sciences, les lettres et les arts brillèrent d'un éclat extraordinaire: les manufactures et le commerce, tant extérieur qu'intérieur, fleurirent, grâce surtout aux soins de Colbert, ministre habile et intègre. Les plus remarquables monuments de ce règne sont le palais de Versailles, l'hôtel des Invalides et le canal du Midi. Parmi les hommes illustres du siècle de Louis XIV, on remarque dans l'art militaire, le prince de Condé, Turenne, Montmorency-Luxembourg, Catinat, Vendôme, Villars; dans la marine, Duquesne, Tourville, Duguay-Trouin; dans l'Église et dans les lettres à la fois, Bossuet, Bourdaloue, Fénelon, Massillon; dans la littérature, Corneille, Racine, La Fontaine, Molière, Boileau, Pascal, La Bruyère; dans la peinture, Lebrun, Lesueur; dans la sculpture, Girardon, Puget; dans l'architecture, Mansart.

LVI. Louis XV; Louis XVI; l'Assemblée constituante.

Le successeur de Louis XIV fut son arrière-petit-fils Louis XV, qui régna cinquante-neuf ans (1715-1774), dont huit sous la régence du duc d'Orléans, premier prince du sang. Louis XV fut un roi débauché et insouciant. Son déplorable règne fut cependant signalé par la victoire de Fontenoi, remportée sur les Anglais, et par la réunion de la Lorraine et de la Corse à la France.

Son successeur et son petit-fils, Louis XVI (1774-1792), bon, humain, et de mœurs irréprochables, mais d'un caractère irrésolu et faible, ne fut pas capable de diriger la révolution qui éclata sous son règne, et il en devint la victime. Il avait fait aux Anglais une guerre heureuse dont le résultat avait été de fonder la république des États-Unis en Amérique; mais cette guerre même avait accru le désordre des finances, qui étaient depuis longtemps dans un état déplorable. Pour mettre fin à ce désordre ainsi qu'au mécontentement qui se manifestait de toutes parts, Louis XVI se vit obligé de convoquer les états généraux.

Les états généraux s'étant réuni (1789) prirent le nom d'assemblée constituante et déclarèrent qu'ils ne se sépareraient pas avant d'avoir détruit les abus et donné à la France un nouveau mode de gouvernement. Alors éclata l'insurrection des Parisiens, qui prirent et détruisirent (14 juillet) la Bastille, château-fort situé dans l'intérieur de la ville. Des mouvements insurrectionnels eurent lieu sur plusieurs points du territoire, et les gardes nationales s'organisèrent de toutes parts. L'assemblée devint toute-puissante. Pour établir l'unité en France, elle supprima les anciennes provinces, et créa à leur place quatre-vingt-trois départements. Elle travailla sans relâche à substituer un nouveau régime à l'ancien. Ce grand ouvrage s'accomplit, tantôt avec l'assentiment, tantôt malgré la résistance de Louis XVI, qui ne se croyant plus libre, s'enfuit de Paris, mais fut pris et ramené, et depuis ne régna plus guère que de nom.

LVII. L'Assemblée législative.

L'Assemblée constituante se sépara après avoir établi en France la monarchie représentative : le pouvoir exécutif fut laissé au roi et le pouvoir législatif fut confié à une assemblée qui fut nommée, à cause de ses attributions, Assemblée législative.

Ce nouveau gouvernement, installé le 1ᵉ octobre 1791, ne dura pas un an ; un parti très-nombreux dans l'Assemblée, voulait le détruire et y substituer la république ; ce parti était soutenu par la grande majorité de la population de Paris.

Beaucoup de Français, surtout de nobles, avaient émigré à l'étranger.

Les prêtres étaient persécutés et un grand nombre d'entre eux avaient été obligés de prendre la fuite.

Le 10 Août 1792, Louis XVI, attaqué dans le palais des Tuileries par une multitude soulevée, alla chercher un refuge dans le sein de l'Assemblée législative ; il fut remis par elle au pouvoir de la Commune de Paris, qui le renferma dans la tour du Temple.

Une assemblée nouvelle, qui, sous le nom de Convention nationale, devait être investie de tous les pouvoirs, fut convoquée. La Convention se réunit le 22 septembre 1792, et, ce jour même, décréta l'abolition de la royauté et l'établissement de la république.

La monarchie avait duré onze cent huit ans, à dater de Clovis.

La dynastie capétienne avait régné pendant plus de huit siècles consécutifs, à dater de Hugues Capet ; et, en remontant à Eudes, plus de neuf siècles s'étaient écoulés depuis qu'elle avait commencé de donner des rois à la France.

LVIII. La Convention

La Convention, réunie pour fonder la république et pour lui donner une constitution, exerça avec violence une autorité sans limites, et fut sans cesse déchirée par la lutte des partis. Les deux principaux de ces partis étaient celui de la république modérée, dont les membres les plus influents étaient désignés sous le nom de Girondins, et celui des hommes qui voulaient gouverner par la terreur, et à qui l'on donnait différents noms, entre autres ceux de Jacobins et de Montagnards. Ce dernier parti était soutenu par la commune de Paris. Ces deux partis se réunirent pour condamner à mort Louis XVI, qui subit cet arrêt avec autant de courage que de résignation, le 21 janvier 1793.

À cette nouvelle, toutes les puissances de l'Europe, qui, depuis quelque temps, menaçaient la France, lui déclarèrent la guerre et firent marcher leurs armées pour l'envahir. Au fléau de la guerre étrangère se joignit celui de la guerre civile qui éclata sur plusieurs points, et qui, dans la Vendée surtout, fut longue et terrible. La France, au milieu de tant de périls trouva dans le courage et dans le patriotisme de ses enfants des ressources incroyables. Quatorze armées se formèrent; elles battirent l'ennemi sur tous les points, et, après une lutte longue et acharnée, le rejetèrent bien au delà des frontières. Les batailles de Valmy, de Jemmapes, de Fleurus, sont les plus célèbres qui aient été livrées à cette époque.

Mais pendant qu'à l'extérieur la France se couvrait de gloire, l'intérieur était en proie aux maux les plus affreux. Les Girondins furent proscrits et condamnés à mort; les terroristes, devenus tout-puissants, couvrirent la France d'échafauds et firent couler le sang par torrents. Ils ne s'épargnaient pas entre eux et envoyèrent un grand nombre des leurs au supplice. Ce régime épouvantable dura quatorze mois et finit le 27 juillet 1794 journée célèbre dans laquelle le chef des terroristes Robespierre, et soixante et onze de ses partisans furent envoyés au supplice.

LIX. Le Directoire, le Consulat.

Après l'abolition du régime de la terreur, la Convention s'occupa de faire une constitution pour la république. D'après cette constitution, le pouvoir exécutif fut confié à un Directoire composé de cinq membres, et le pouvoir législatif à deux assemblées nommées, l'une, le Conseil des Anciens, l'autre le Conseil des Cinq Cents.

La Convention se sépara, et le nouveau gouvernement entra en exercice à la fin d'octobre 1795. Les armées républicaines poursuivaient le cours de leurs exploits, sous des généraux dont les plus illustres sont Roche, Jourdan, Marceau, Moreau, et surtout Bonaparte. Bonaparte conquit presque toute l'Italie dans une campagne signalée par de nombreuses victoires (1796), entre autres par celles d'Arcole et de Rivoli. Les puissances continentales firent la paix avec la France, qui réunit à son territoire la rive gauche du Rhin, toute la Belgique et la Savoie. Bonaparte fut envoyé à la tête d'une armée pour faire la conquête de l'Égypte (1798).

Pendant qu'il était ainsi éloigné, l'Europe se coalisa de nouveau contre la France. Le Directoire conduisit mal cette nouvelle guerre et n'administra pas mieux à l'intérieur. Le vœu public demandait un gouvernement plus habile et plus fort, et désigna Bonaparte pour le diriger. Il arriva d'Égypte. Le Conseil des Anciens le chargea de renverser le Directoire et la majorité du Conseil des Cinq Cents. Il y réussit dans une journée mémorable connue sous le nom du 18 brumaire : c'était le 10 novembre 1799.

Napoléon Bonaparte gouverna d'abord sous le titre de premier consul : il rétablit à l'intérieur la religion et l'ordre, et après la fameuse victoire de Marengo (1800) remportée sur les Autrichiens, il rétablit la paix à l'extérieur. Le sénat lui offrit le titre d'empereur ; la nation, consultée, lui confirma ce titre, et le pape vint de Rome pour le sacrer (1804). Il joignit à ce titre d'empereur des Français celui de roi d'Italie.

LX. L'Empire.

Napoléon promulgua un excellent code de lois, construisit de beaux monuments et fit fleurir l'industrie et les arts. Il avait résolu de faire une descente en Angleterre; mais il ne le put pas; parce que les anglais lui suscitaient sans cesse sur le continent de nouveaux ennemis.

La première puissance qui, soudoyée par l'Angleterre, attaqua le nouvel empereur, fut l'Autriche, secondée par la Russie; l'Autriche fut promptement punie de son agression. Napoléon s'empara de Vienne, et à Austerlitz en Moravie (1805), écrasa les armées autrichienne et russe commandées par les deux empereurs en personne. Le résultat de cette victoire fut une paix glorieuse pour la France. Les États secondaires de l'Allemagne formèrent une association sous le nom de confédération du Rhin, et Napoléon réunit à ses autres titres celui de protecteur de cette confédération. Mécontentes de cet accroissement de puissance, la Prusse et la Russie se coalisèrent contre lui. Napoléon ne leur donna pas le temps d'unir leurs forces et marcha rapidement contre la Prusse. L'armée prussienne forte de 150,000 hommes, qui passait pour la mieux disciplinée et la plus redoutable de l'Europe, fut anéantie à Iéna (1806). Cette éclatante victoire fut suivie de la conquête de toute la monarchie prussienne. Les Russes, qui vinrent au secours des prussiens, furent vaincus dans les sanglantes batailles d'Eylau et de Friedland. Leur empereur demanda la paix. La paix fut signée à Tilsitt (1807).

Après de si grands succès, Napoléon fut assez puissant pour élever sur le trône plusieurs membres de sa famille. Il forma pour son frère Jérôme, en Allemagne, un État qu'il appela royaume de Westphalie. Il donna pour roi à la Hollande son frère Louis. Il attribua l'Espagne à son frère Joseph. Son beau-frère Murat eut le royaume de Naples.

LXI. L'Empire (Suite.)

Louis Bonaparte ayant quitté la Hollande qu'il ne voulait plus gouverner, Napoléon réunit ce pays à l'Empire français: il y réunit aussi tout le littoral de l'Allemagne jusqu'au delà de l'Elbe. Déjà il avait réuni à la France le Piémont et la Toscane; et quel- ques difficultés s'étant élevées entre lui et le pape, il s'empara de Rome et des Etats de l'Eglise, et les réunit à la France, qui eut alors cent trente départements.

Les Espagnols n'acceptèrent point pour roi Joseph Bonaparte, et, secondés par les Anglais, ils firent aux armées françaises une guerre qui devint désastreuse pour elles. L'Autriche reprit les armes et mit quelque temps Napoléon en grand péril; mais il fut vainqueur à Wagram (1809) et lui enleva quelques provinces. Enfin il résolut de conquérir la Russie (1812) et envahit ce pays. Les Russies se retirant toujours devant les Français et vaincus par eux dans la sanglante journée de la Moskowa, dévastèrent leur propre pays et incen- dièrent Moscou, leur ancienne capitale. Alors Napoléon songea, mais trop tard, à la retraite. L'hiver arriva et sévit avec une rigueur inouïe. L'armée française fut presque entièrement détruite dans cette retraite fatale.

A la nouvelle de nos revers, l'Autriche et la Prusse se réunirent à la Russie contre nous; tous nos alliés nous abandonnèrent. Après la bataille de Leipzig (1813) qui dura trois jours, les Français furent obligés d'évacuer l'Allemagne et de repasser le Rhin. Toutes les armées de l'Europe envahirent la France.

Napoléon, malgré tout son génie, ne put résister à un si grand nombre d'ennemis. Paris fut pris et cet événement entraîna la chute de l'Empereur. Un traité fut conclu avec les puissances étrangères. On donna à Napoléon la souveraineté de l'île d'Elbe; ses frères furent privés des trônes où il les avait placés. La France perdit non-seule- ment toutes les conquêtes qu'elle avait faites sous son règne; mais la rive gauche du Rhin, la Belgique et la Savoie.

LXII. Restauration — Louis-Philippe — Rétablissement de l'Empire.

Alors eut lieu ce qu'on appelle la Restauration, c'est-à-dire le rétablissement de l'ancienne famille royale des Bourbons. La France reconnut pour roi Louis XVIII, frère de l'infortuné Louis XVI. Louis XVIII promulgua la charte constitutionnelle, d'après laquelle le roi partageait le pouvoir avec la Chambre des pairs et la Chambre des députés.

À peine Louis XVIII avait-il régné un an, que Napoléon, étant parti secrètement de l'île d'Elbe débarqua en France et força les Bourbons à se retirer. Ce nouveau règne de Napoléon ne dura que cent jours. Ayant perdu la bataille de Waterloo, et obligé d'abdiquer une seconde fois, il se réfugia à bord d'un vaisseau anglais, croyant y trouver un accueil généreux; il n'y trouva que la captivité, et mourut prisonnier dans l'île de Sainte-Hélène (1821).

Le rétablissement de Louis XVIII sur le trône (1815) n'empêcha pas les armées étrangères d'envahir de nouveau la France qui eut beaucoup à souffrir. À Louis XVIII succéda son frère Charles X (1824). L'événement le plus remarquable du règne de Charles X est la prise d'Alger par les Français. Un grave dissentiment s'étant élevé entre le roi et la Chambre des Députés, Charles X fit paraître des ordonnances, à la suite desquelles éclata la révolution de juillet 1830. Charles X fut obligé de sortir de France, et la couronne fut offerte au duc d'Orléans qui devint roi sous le nom de Louis-Philippe.

Louis-Philippe s'occupa surtout de maintenir la paix en Europe. Une vive opposition à la marche de son gouvernement a ayant fait éclater en février 1848, une grande émeute qui amena une nouvelle révolution, la république fut proclamée. Une assemblée nationale constitua la nouvelle république, à laquelle, au 10 décembre 1848, le suffrage universel donna pour président Louis-Napoléon Bonaparte, fils de Louis Bonaparte et neveu de l'Empereur. Louis Napoléon, ayant reçu de la nation, en décembre 1851, par sept millions et demi de suffrages, de nouveaux pouvoirs pour dix ans, a promulgué la constitution qui régit actuellement la France.

En décembre 1852, il a été appelé au trône par huit millions de suffrages, et a été proclamé Empereur sous le nom de Napoléon III.

Paris. — Typographie Panckoucke, rue des Poitevins, 14.

Modèles d'Actes
et Notions industrielles.

Modèles d'Actes.

LXIII. Reconnaissance de dette.

Ce billet doit être fait sur timbre proportionnel.

Je soussigné, Louis Durand, reconnais devoir à M.ʳ François Robinet, propriétaire, demeurant à Rueil près Paris, la somme de mille francs qu'il m'a prêtée, et que je m'oblige à lui rembourser, en sa demeure, le 1.ᵉʳ janvier 1858; je m'engage, en outre, à lui servir les intérêts de ladite somme de mille francs jusqu'à son remboursement effectif, sur le pied de cinq pour cent par an sans retenue, de six mois en six mois, à compter de ce jour.

Dans le cas où je ne payerais pas un semestre des intérêts à son échéance, M.ʳ Robinet pourra exiger le remboursement de ladite somme de 1,000 francs et des intérêts qui seront alors échus et courants, après une sommation restée infructueuse dans le mois de sa date, et énonçant son intention à cet égard.

Paris, le 1.ᵉʳ avril 1852.

L. Durand
Rue St. Louis, 15

Billet à ordre.

Ce billet ainsi que les deux suivants, doit être fait sur timbre proportionnel.

B. P. 2000.ᶠ

Au premier mars prochain, mon épouse, que j'autorise, et moi, tous deux soussignés, nous nous obligeons solidairement à payer à M.ʳ Daru ou à son ordre la somme de deux mille francs, valeur reçue comptant.

Reims, ce 1.ᵉʳ juillet 1852.

Marie Duval.   J. Duval,
Rue Serpente, 14.

LXIV. Autre billet à ordre.

Paris, le 1er août 1852.   B. P. 321f. 10c.

Au premier novembre prochain, je paierai à Mr Périer ou à son ordre, la somme de trois cent vingt et un francs dix centimes, valeur reçue en marchandises et pour solde de tout compte entre nous.

B. Martin

Rue Quincampoix, 27.

Traite ou mandat.

Paris, le 5 janvier 1851.   B. P. 600f. 00c.

À trente jours de date, veuillez payer à mon ordre la somme de six cents francs, que passerez suivant l'avis de votre dévoué.

À Monsieur Fornard,   Herpin
à Marseille (Bouches-du-Rhône).   Rue Saint-honoré, 204.

Quittance d'intérêts.

Je soussigné, reconnais avoir reçu de Mr Jean-françois Liénard, par les mains de Mr Auguste Liénard, son frère, la somme de cent francs, pour six mois échus le 1er janvier présent mois, des intérêts de la somme de quatre mille francs, dont il est mon débiteur, aux termes d'une reconnaissance en date du 1er juillet 1845. Dont quittance, à Paris ce quinze janvier mil huit cent cinquante et un.

Boissel

Rue des Orties, 4.

Quittance de capital.

Je soussigné, reconnais avoir présentement reçu de Mr Jean-François Liénard la somme de quatre mille francs, dont il était mon débiteur, aux termes d'une reconnaissance en date du 1er juillet 1845.

Dont quittance à Paris, le quinze janvier mil huit cent cinquante-deux.

Chancel

Rue de la Monnaie, 12.

LXV. Bail de terre.

Les soussignés,

Louis Letut, propriétaire, demeurant à Saint-Germain, d'une part,

Et Thomas Georget, cultivateur, demeurant à Poissy, d'autre part,

Ont arrêté ce qui suit:

M. Letut donne à ferme pour neuf années et neuf récoltes consécutives qui commenceront par la récolte de 1850 et finiront par celle de.... pour entrer en exploitation par les labours et les semailles de 1849;

Au sieur Georget qui accepte, la quantité de dix-sept hectares de terre, au terroir de Poissy, en six pièces de terre dont la désignation suit. (Faire le détail).

Ce bail est fait aux charges et conditions suivantes que le preneur s'oblige d'exécuter et à accomplir, sans pouvoir prétendre à aucune diminution du fermage ci-après fixé:

1º De bien cultiver, labourer, fumer et ensemencer ces terrains en temps et saisons convenables, sans pouvoir les désoler ni des saisonner et de les rendre à la fin du présent bail en bon état;

2º De payer exactement à l'acquit du bailleur et en sus du fermage ci-après stipulé, toutes les contributions aux quelles les dites pièces de terre peuvent ou pourront être imposées pendant la durée du bail, ensemble les centimes additionnels et suppléments de contributions, de telle sorte que le bailleur ne puisse être à ce sujet aucunement inquiété poursuivi ni recherché, et de rapporter chaque année quittance du tout au bailleur;

3º De ne pouvoir céder son droit au présent bail, ni sous-louer en tout ou en partie sans le consentement exprès et par écrit du bailleur, à peine de résiliation, si bon semble à celui-ci et de tous dommages-intérêts;

4º Enfin de payer les frais des présentes.

En outre ce bail est fait moyennant mille francs de fermage annuel que M. Georget s'oblige de payer à M. Letut, en sa demeure à Saint-Germain, en un seul payement, le 1er novembre de chaque année, en commençant le 1er novembre 1850.

Fait double à Saint-Germain, le premier janvier 1849.

LXVI. Bail de maison.

Les soussignés M. Henri Gosselin, propriétaire, demeurant à Paris, rue Dauphine, N.º 5, d'une part; et M. Georges-Pierre Lefèvre, épicier, demeurant aussi à Paris, même rue N.º 8 d'autre part, ont arrêté ce qui suit:

M. Gosselin fait bail à M. Lefèvre, qui l'accepte à compter du 1.º avril 1841, pour trois, six ou neuf années, au choix du preneur, mais à la charge par lui, s'il veut faire cesser sa jouissance à l'expiration des trois ou six premières années, de prévenir le bailleur trois mois au moins avant la fin de la première ou de la seconde période, de la totalité d'une maison sise à Paris, rue de la Vieille Draperie, N.º 15.

Le présent bail est fait moyennant un loyer annuel de huit mille francs que M. Lefèvre s'oblige de payer à M. Gosselin en sa demeure à Paris, par quart, aux termes ordinaires de l'année, en sorte que le premier payement devra être fait le 1.º juillet prochain.

Ce bail est fait, en outre, aux conditions suivantes, que le preneur s'oblige d'exécuter sans pouvoir prétendre à aucune diminution de loyer, savoir:

1.º De prendre ladite maison dans l'état où elle se trouve, et de la rendre à la fin du présent bail, conformément à l'état des lieux qui sera fait double entre les parties à frais communs;

2.º De garnir ladite maison pendant toute la durée du bail de marchandises et effets mobiliers suffisants pour répondre en tout temps du loyer;

3.º De satisfaire à toutes les charges de ville et de police dont les locataires sont ordinairement tenus;

4.º De payer l'impôt des portes et fenêtres;

5.º De souffrir les grosses réparations que le bailleur jugera à propos de faire à la maison, et sans prétendre à aucune indemnité;

6.º De ne pouvoir céder son droit au présent bail sans le consentement exprès et par écrit du bailleur.

De son côté, le bailleur s'oblige à tenir le preneur clos et couvert.

M. Lefèvre a présentement payé à M. Gosselin qui le reconnaît, la somme de quatre mille francs, pour six mois d'avance du loyer de ladite maison, laquelle somme sera imputable sur les six derniers mois de sa jouissance; de sorte que l'ordre ci-dessus fixé pour les payements ne sera nullement interverti.

Fait double à Paris, le premier mars mil huit cent quarante.

LXVII. Prorogation de bail.

Les soussignés, Mr. Gopelin, et Mr. Lefèvre, ont fait et arrêté ce qui suit :

Le bail existant entre les parties depuis le 1er avril 1841, continuera à recevoir son exécution, aux mêmes charges, clauses et conditions, pendant trois nouvelles années, qui commenceront le 1er avril 1850.

Fait double à Paris, le quinze mars mil huit cent cinquante.

Modèle de contrat d'apprentissage.

Entre les soussignés : Mr. Jean Roger, tailleur, d'une part ; et Mr. Etienne Neven, d'autre part ; a été convenu ce qui suit :

Mr. Neven, voulant faire apprendre à son fils Charles Neven, la profession de tailleur, le place en apprentissage chez Mr. Roger pour six années consécutives, qui commenceront à courir le .....

Mr. Roger consent à recevoir chez lui le jeune Neven en qualité d'apprenti ; il s'engage à lui enseigner son état complètement et progressivement, à le loger sainement et proprement, en le faisant coucher seul, à lui donner une nourriture suffisante et convenable ; à le blanchir, en lui remettant du linge blanc au moins une fois par semaine ; à le traiter avec douceur et ménagement ; à lui laisser la liberté d'aller à une école du soir, de huit à dix heures, et de vaquer à ses devoirs de famille et de religion les dimanches et jours de fêtes légales ; mais, toutefois, après le rangement de l'atelier, qui ne pourra se prolonger au delà de dix heures du matin ; à le soigner ou faire soigner chez lui en cas de maladie qui n'excéderait pas huit jours, sans préjudice des autres obligations qui lui sont imposées par la loi. Mr. Roger s'engage, en outre, à payer à Charles Neven, après trois années révolues, la somme de cinq francs par semaine.

Mr. Neven s'engage, de son côté, à payer à Mr. Roger, la somme de cent francs par an pendant les trois premières années de l'apprentissage.

Dans le cas où l'une des parties se dédirait après les deux premiers mois écoulés depuis la signature du présent acte, cette partie payera à l'autre la somme de cent cinquante francs, à titre d'indemnité.

Fait double à . . . . . . le

Notions industrielles.

LXVIII. Fécule.

La fécule est une matière blanche que contiennent beaucoup de plantes, telles que le blé et autres céréales, la pomme de terre, &c. Cette matière consiste en petits globules qui renferment de la gomme dans leur intérieur. En chauffant la fécule dans l'eau, ces grains crèvent, et la gomme se dépose en produisant, avec les petites enveloppes, cette masse tremblotante désignée sous le nom d'empois.

La fécule extraite du blé se nomme amidon; la farine du blé contient, en outre, le gluten, matière élastique qui donne à la pâte son liant. En excitant la fermentation de la farine dans l'eau, le gluten se décompose, mais non l'amidon, qui se dépose au fond du vase et ne demande plus qu'à être lavé et séché.

Pour extraire la fécule de la pomme de terre, on réduit cette dernière à l'état de pulpe, soit en la pilant, soit par la mouture. On agite la pulpe dans l'eau, les grains de fécule restent un moment en suspension, ce qui permet de les séparer du gros résidu par décantation. On peut aussi agiter la pulpe sur un tamis, d'où l'eau n'entraîne que les grains de fécule à travers les mailles du tissu.

On fraude souvent la farine de blé en y mêlant de la fécule de pomme de terre; ceux qui possèdent des microscopes peuvent s'en apercevoir, surtout quand ils ont soin de mouiller le mélange d'abord avec une faible dissolution de potasse, puis avec de l'eau chargée d'iode, matière qu'on trouve chez tous les pharmaciens. La potasse gonfle les grains de fécule, qui déjà étaient plus gros que ceux de l'amidon et l'iode qui les colore tous deux en bleu rend plus sensible la différence de volume.

On a souvent essayé, mais en vain, de faire du pain passable avec la fécule seule ou avec la pomme de terre dépouillée de sa pulpe et mêlée avec un peu de matière sucrée. Sans doute, ce pain n'est pas plus mauvais que le pain de blé de sarrasin ou de seigle avarié, que mangent les malheureux dans quelques pays; mais mieux vaut cent fois manger la pomme de terre cuite au four ou sous la cendre et dépouillée ainsi, presque sans frais, de son amertume.

LXIX. Vins, bière, cidre.

Le vin se fait en écrasant les raisins, en les pressant pour en extraire tout le jus, puis en laissant fermenter ce jus dans des tonnes ouvertes, et où se dégage abondamment un gaz qu'il faut éviter, car il est asphyxiant; enfin on aspirant le jus clair dans des tonneaux où, quand on veut le mettre en bouteilles, on le dépouille des matières glaireuses qui le troubleraient, au moyen de blancs d'œufs ou de colle de poisson battue.

La bière se fait avec plusieurs espèces de céréales, et principalement avec l'orge. La graine d'orge, après une macération de deux ou trois jours dans l'eau, est répandue sur un plancher se par monceaux que l'on remue fréquemment; puis on la porte sur des claies dans une étuve pour achever la germination. Desséchée et moulue, la farine d'orge prend le nom de malt ou drèche.

Ce malt est mis dans une tonne, que l'on remplit peu à peu d'eau bouillante, en ayant soin de brasser sans cesse le mélange avec des rames. L'opération du brassage dure plusieurs jours. On verse ensuite la liqueur dans une chaudière bouchée pour la faire bouillir, avec une plante nommée houblon qui communique à la bière une âcreté qui lui est favorable. La liqueur est versée dans un récipient où elle s'épure et dans des conduits où elle se refroidit. Lorsqu'elle n'est plus que tiède, on la met fermenter dans une grande cuve couverte, avec de la levure de bière qui est l'écume produite dans la précédente fermentation. Quand l'opération est bien en train, on la met dans des tonnes dont l'orifice reste ouvert, et d'où l'on enlève l'écume ou levure qui s'y forme; le mouvement étant apaisé, on clarifie la liqueur avec une dissolution de colle de Flandre, et l'on met en bouteilles ou dans des barils.

Le cidre est une espèce de vin fait avec des pommes. Ces fruits sont réunis en tas dans un lieu sec et on les met au pressoir en septembre ou en octobre, après les avoir écrasés sous une meule. Le jus qui en découle, passé par le tamis, est reçu dans une cuve où il fermente plus ou moins; après quoi il est mis dans de petits tonneaux et ensuite en bouteilles.

Le poiré est une liqueur analogue, faite avec des poires.

LXX. Sucre.

Jadis le sucre s'extrayait uniquement d'une espèce de roseau originaire de l'Inde, et qui, pour cette raison, a été nommée canne à sucre. Cette plante a été portée en Amérique. Lorsque les cannes à sucre sont récoltées, on les écrase entre les cylindres d'un moulin construit à cet effet. On reçoit le jus qui en découle et on le porte dans une chaudière pour le cuire. Quand la liqueur est assez concentrée, on la filtre à travers une étoffe de laine, on la chauffe de nouveau, puis on la verse dans des vases où elle se cristallise, sauf une portion que l'on fait écouler par le bas et qui est de la mélasse. Le sucre ainsi cristallisé se nomme cassonade ou mosconade; il est jaune-brun.

Le raffinage du sucre se fait en Europe: on le dissout dans de l'eau, où l'on jette un peu de chaux vive, puis du sang de bœuf qui le clarifie et qui produit une écume que l'on enlève. La clarification se fait aussi par le moyen du charbon animal provenant de la combustion des os et broyé. On filtre deux fois de suite, d'abord à travers du charbon broyé fin, puis du charbon en poudre moins ténue, à travers une étoffe de laine; on concentre ensuite ce sirop par l'ébullition, et on le met dans des formes ou cônes de terre, dont la pointe, tournée en bas, est ouverte pour l'écoulement de la mélasse. Le sucre se cristallise dans la forme, et, pour le rendre plus compacte, on y verse, de temps à autre, de nouvelles portions de liqueur sucrée; mais la mélasse ne peut en être tout à fait chassée qu'avec un peu d'eau provenant d'une argile humectée dont on recouvre le pain de sucre.

La betterave produit un sucre pareil à celui de la canne lorsqu'il est parfaitement raffiné. Pour extraire le sucre, il faut déchirer le tissu de cette plante avec une râpe, presser cette pulpe, cuire le jus avec de l'eau de chaux, le filtrer, le concentrer, le clarifier par le charbon animal, filtrer de nouveau et faire cristalliser. On obtient ainsi un sucre dont le poids est le vingtième de celui de la betterave.

LXXI. Matières textiles en général.

Les filaments du chanvre, du lin, du coton, les poils des animaux, les crins, la laine, la soie, nous fournissent, au moyen de la filature, des fils dont nous faisons des cordes de divers diamètres, depuis le fil du pêcheur et le fouet du postillon, jusqu'aux câbles des navires à trois ponts.

A l'aide de diverses machines spéciales, nous transformons ces fils en tricot, ou réseau provenant d'un seul fil enlacé, noué et croisé sur lui-même, bas, jupons, bonnets de toutes sortes dent cordonnés, ou tricot cylindrique qui enveloppe une mèche dont nous faisons des cordons de sonnettes, de rideaux, des manches de fouet, &c.

Nous en faisons de la dentelle au fil, du tulle ou dentelle en coton, des filets, des bourses, des gants à mailler, soit à la main, soit à l'aide de machines.

Ces mêmes fils tendus, les uns parallèlement et enroulés sur un cylindre porté par un métier et formant la chaîne; les autres passant à angle droit entre les autres, de manière à se trouver alternativement, à chaque rangée, au-dessus d'un fil et au-dessous du suivant, puis à la suivante, au-dessous du premier et au-dessus du second, et formant ce qu'on appelle la trame; tous ces fils composent, par cet entrelacement, ce qu'on appelle des tissus, que le tisserand enroule sur un autre cylindre du métier à mesure qu'ils se font.

Chacun a pu voir le tisserand lancer le fil de la trame dans l'angle que forment ceux de la chaîne alternativement inclinés vers le haut et vers le bas, puis enfoncer, serrer ce fil dans cet angle au moyen d'un battant, puis faire descendre ou monter les fils de chaîne au moyen de deux lisses traversées par les fils.

Tout ce travail s'accomplit aussi à l'aide de machines mues par un mécanisme à mouvement continu. Ce mécanisme formant à volonté le réseau de diverses manières, et les étoffes brochées et croisées, se font ainsi presque aussi facilement que le tissu uni.

LXXII. Lin, chanvre, coton.

Le lin et le chanvre se filent, soit à la main et avec le secours des petites machines appelées rouets, soit par de grandes machines qui, sous la direction d'un seul ouvrier, produisent un certain nombre de fils à la fois.

Voici le principe de la filature, soit à la main, soit par les grandes machines:

Chaque petit brin est formé de très courts filaments collés pour ainsi dire, les uns sur les autres; la salive chaude de la fileuse, ou bien l'eau aidant, les petits filaments de la filasse glissent les uns sur les autres, et le fil prend de la finesse en s'allongeant, puis une légère torsion imprimée au fil ajoute à sa ténacité.

Une opération qui doit précéder la filature du lin ou du chanvre consiste à détacher du bois dur ou chènevotte qui occupe le milieu de chaque tige, la gaîne de fibres propres à la filature et comprise entre le bois et l'écorce. Cette opération s'appelle le teillage; on la facilite par le sérançage, qui brise la tige en plusieurs fragments; et avant le teillage est encore une autre préparation qui consiste à désagréger le végétal en le faisant tremper dans une eau dormante, et qui s'appelle le rouissage.

On peut remplacer le rouissage par des opérations chimiques, simples et rapides.

On cultive dans les pays chauds un arbuste qu'on appelle cotonnier, et dont les graines sont entourées d'un duvet blanc qui en sort sous forme d'aigrette. Ce duvet, dont on fait un si grand usage dans toutes les parties du monde, s'appelle coton.

Le cotonnier est cultivé de temps immémorial; dans l'Inde et dans le Levant. De ces régions il a été porté en Afrique et en Amérique. Aujourd'hui l'Égypte, les Antilles, la Guyane, le Brésil et les États-Unis sont les pays qui fournissent à l'Europe la plus grande quantité de coton qu'elle consomme.

LXXIII. Usages du coton.

Les usages du coton sont nombreux. On en fait du papier,
du carton, des mèches de lampes, de chandelles et de bougies,
de la ouate, dont on garnit les vêtements et les couvre-pieds;
des bas, des bonnets, des toiles et des tissus de toutes qualités,
sous les noms de calicot, percale, mousseline, drap, velours de
coton, futaine, piqué; des tulles, des cordes de rideaux, des rubans, et une foule d'autres objets de toilette ou d'ameublement.

Le coton n'était guère employé en France, il y a cinquante
ans; alors on se servait presque exclusivement de toiles
de lin et de chanvre. Les Anglais imaginèrent, à cette
époque, des machines avec lesquelles on transforme promptement et à peu de frais le coton en fils parfaitement régu-
liers. L'économie de ce travail, le bon marché du coton
et la facilité qu'on éprouve à le blanchir complètement ont amené un grand nombre d'Européens à
substituer les toiles de coton à celles de chanvre et de lin
pour une infinité d'usages.

Le coton, quand il sort des balles, que les navires nous
apportent des pays lointains, est sali par une infinité de
petits morceaux des enveloppes des graines du cotonnier,
de divers débris de plantes et de poussière. On le nettoie
soit à la main, soit avec des machines qui l'étendent en
nappes; d'autres machines, appelées cardes, allongent les
nappes et en forment de longues bandes semblables à la
ouate et appelées rubans. D'autres étirent ces rubans et les
tordent en boudins; d'autres allongent les boudins, les tordent
davantage et en font des fils de plus en plus fins; d'autres,
appelées dévidoirs, réunissent ces fils en écheveaux; d'autres
enfin, appelées pelotonneuses, font de charmants pelotons
où le coton s'enroule en réseau. Et tout cela se fait si vite que
la pelote de coton se vend moins cher qu'on ne payerait
un ouvrier pour faire, à la main et sans machines, une seule
des opérations par lesquelles a passé le coton.

L'ensemble de tous ces travaux forme ce qu'on appelle la filature du coton.

LXXIV. Laine.

Après avoir été lavée, débarrassée de son suint et peignée, la laine se travaille de diverses manières. On la file rarement à la main, le plus souvent avec des machines analogues à celles qui servent pour le coton, puis on en fait des tissus unis ou brochés, des châles avec les métiers mécaniques, ou des tricots de diverses sortes au métier pour gilets, bas &c.; ou bien ces fils transformés en tissus, en tricots, sont ensuite foulés dans des foulons spéciaux, de telle sorte que les petits filaments se feutrent, s'enchevêtrent et forment des draps qui servent à l'habillement de l'homme, et aussi des bas drapés et des bonnets dits feutrés. On feutre aussi la laine directement, sans, au préalable, l'avoir ni filée ni tissée; mais ce genre de travail n'a jusqu'ici donné que des draps très peu solides qu'il a fallu abandonner, ou des tapis grossiers dont on relève l'aspect par une belle impression en vives couleurs et à grands traits.

On réserve les laines longues et fines pour les travaux manuels à l'aiguille, pour les tapisseries et les broderies.

Outre le peignage de la laine et la filature, il est d'autres opérations faites par diverses machines: les unes enlèvent la poussière, les autres ouvrent et étendent la laine en nappes; celles-ci l'allongent et redressent les fils parallèlement les uns aux autres après le cardage des peignes, celles-là font de ces nappes des boudins; d'autres tordent ces boudins et les allongent en file, d'autres enfin allongent encore et tordent ces fils.

Ordinairement la laine est humectée avec de l'huile pour faciliter le peignage et la filature, puis dégraissée avec des matières alcalines, des savons, des terres à foulon.

La teinture de la laine se fait en fils (et c'est là le meilleur procédé), ou bien en pièces.

LXXV. Soie.

La Soie est produite par des chenilles qu'on appelle communément vers à soie. Après s'être nourri, pendant un mois environ des feuilles d'un arbre appelé *mûrier blanc*, après avoir changé quatre fois de peau, le ver se renferme dans un *cocon* qu'il file dans l'espace de trois à quatre jours ; il s'y change en *nymphe* ou *chrysalide*, y reste une vingtaine de jours, après lesquels il sort sous la forme d'un papillon en perçant l'un des bouts du cocon, qu'il amollit avec une liqueur qu'il répand à l'intérieur. Ces papillons qui ne vivent que huit ou dix jours et qui ne mangent pas, produisent plus tard des œufs, ou graines, d'où sortent de nouveaux vers à soie.

Les vers à soie sont élevés en grand dans les diverses parties de la France où vient le mûrier blanc, dont les feuilles leur servent de nourriture.

Il faut tenir les œufs au frais jusqu'à ce qu'aient poussé les feuilles du mûrier, dont on nourrit alors les vers éclos de ces œufs dans une chambre chaude appelée *magnanerie*.

Quand les vers ont achevé leurs cocons, il s'agit de dévider la soie dont ces cocons sont formés. On empêche la chrysalide de se transformer en papillon et de percer ces cocons en chauffant fortement ces derniers soit au soleil, soit dans l'eau bouillante. Cette chaleur tue l'insecte. On garde quelques cocons pour en obtenir des papillons et pour produire une nouvelle provision d'œufs de ver à soie.

Le fil de soie que l'on tire d'un seul cocon a quelquefois jusqu'à mille mètres de longueur. Pour faire des tissus avec ces fils, on tord plusieurs ensemble avec un *moulinet*; ces assemblages de fils ainsi tordus ont une grande force.

Le cocon est entouré d'une *bourre* qui ne peut se dévider et former des fils aussi fins que la soie; on met à part cette bourre pour en faire des tissus plus grossiers ; on y ajoute souvent la soie des mauvais cocons. Cette matière s'appelle *filoselle*.

La soie est la matière avec laquelle on fait les plus belles étoffes. Parmi ces étoffes le velours de soie tient le premier rang.

LXXVI. Papier.

Le papier se fait avec de vieux chiffons de toile et de coton. Il faut les trier, les laver, les dégraisser par une lessive, les déchirer et même les réduire en pulpe, à l'aide de machines portant des lames d'acier qui agissent comme des ciseaux. Cette pâte se blanchit en l'exposant dans des casses à l'action du chlore en vapeur, ou bien en y mêlant une dissolution de chlorure de chaux ou une eau chargée de chlore, puis en la lavant ensuite à grande eau.

Quand on fait le papier à la main, cette pâte est mise dans une cuve en bois et continuellement délayée dans de l'eau chauffée à la vapeur. Pour former une feuille de papier, l'ouvrier tient à la main un châssis garni de fils de laiton parallèles, lesquels sont soutenus par de petites traverses en bois. Quand il s'agit de faire du papier vélin, le châssis est formé par une toile serrée en fils de laiton. L'ouvrier fait arriver sur son châssis de la matière très-claire en quantité convenable, et, par un tour de main la distribue avec égalité ; un second ouvrier fait égoutter ce châssis, qu'il renverse sur un feutre de laine contre lequel la feuille de papier se colle. Les alternations de feutres et de feuilles de papier forment bientôt une pile que l'on soumet à la presse pour faire écouler l'eau du papier. Les feutres sont ensuite enlevés, et les feuilles de papier seules serrées de nouveau à la presse. On les détache plusieurs ensemble et on les fait sécher au grenier. C'est alors qu'elles sont toutes séparées les unes des autres, triées, épluchées, assemblées en mains de 25 feuilles et en rames de 20 mains.

Le papier destiné à l'écriture doit être collé, soit en feuilles, dans un vase contenant un peu de gélatine et d'alun, soit en pâte avec un mélange de fécule et d'huile saponifiée légèrement par l'alun ; dans ce cas, le papier encore humide doit être passé sur un cylindre chauffé intérieurement à la vapeur d'eau bouillante.

LXXVII. Papier sans fin, carton, papier de tenture.

On fait aussi du papier d'une longueur quelconque, au moyen d'une toile sans fin passée sur deux rouleaux qui reçoit la matière pulpeuse des chiffons pour la faire passer ensuite entre deux cylindres garnis de feutre et de là sur un tambour. On l'ôte de là pour la découper en feuilles.

Le meilleur papier se fait avec des chiffons de chanvre ou de lin; celui de coton donne un papier mou et sans corps; mais en y mêlant deux à trois dixièmes de chanvre ou de lin, le papier est très-blanc et propre aux gravures. On obtient aussi du papier avec de la paille et diverses écorces.

Le carton se fait avec des rognures de papier que l'on remet en pâte: on y ajoute parfois du coton et de la laine.

Le fond du papier de tenture est une couche de détrempe; matière colorante délayée dans la colle forte très-claire et qui s'étend à chaud avec une brosse. C'est sur cette couche que l'on imprime les différentes couleurs des dessins qu'il s'agit de représenter. A cet effet, on se sert de planches en bois sculptées dont les parties saillantes, après avoir été enduites de couleur en les posant sur un drap qui en est couvert, sont imprimées sur le papier. Il faut autant de ces planches qu'il y a de couleurs différentes dans le dessin, et ces types ont des pointes de repère qui permettent d'appliquer chaque couleur en son lieu.

Pour les veloutés, on applique une couche de céruse broyée à l'huile de lin dans les endroits du papier que l'on veut ainsi garnir. Une poussière de laine teinte est renfermée dans une boîte à fond de crin; on y place le papier, on frappe sur ce fond pour élever la poussière qui vient se coller sur le mordant. Ce procédé se renouvelle pour chaque teinte de velouté.

LXXVIII. Encres, crayons.

Pour faire l'encre noire ordinaire, prenez 4 parties en poids de noix de galle, une de bois de campêche, deux de sulfate de fer, deux de gomme arabique. Broyez le tout ensemble dans un mortier et jetez dans 64 à 70 parties d'eau; faites bouillir et tirez au clair. Beaucoup d'encres contiennent aussi du sulfate de cuivre.

On enlève les taches d'encre sur le linge et sur les papiers avec de l'acide oxalique, substance que les chimistes tirent du sel d'oseille.

Cet enlevage de l'encre ordinaire n'altère en aucune façon l'encre d'imprimerie; de sorte que les livres, les gravures, les lithographies peuvent être nettoyés et rendus à leur état primitif.

L'emploi qui se fait, dans le blanchissage, de l'eau de Javelle et des autres liquides dont le chlore est l'agent principal, empêche qu'on ne marque le linge avec l'encre ordinaire. Une autre encre, convenable pour cet usage spécial, est formée de nitrate d'argent ou pierre infernale, et de noix de galle dissous dans l'eau. On lave préalablement le linge avec une dissolution de sel de tartre ou de carbonate de potasse.

On imite l'encre de Chine en broyant de bon noir de fumée avec d'excellente colle forte, longtemps bouillie dans l'eau. On y mêle un peu de camphre ou de musc, et l'on façonne cette pâte dans de petits moules, puis on la fait sécher sur la cendre.

L'encre d'imprimerie résulte du noir de fumée que l'on broie avec de l'huile épaissie par la cuisson ou avec certains bitumes.

Les crayons ordinaires se font avec une substance que l'on trouve dans la nature et qui est une combinaison de charbon avec 40 à 5 centièmes de fer. On la nomme plombagine, à cause de sa couleur de plomb. On la scie en petits filets carrés que l'on colle dans l'intérieur d'un cylindre de bois de cèdre.

Les crayons tout à fait noirs, sont faits avec du noir de fumée et de l'argile fine; les crayons rouges ne sont que de l'ocre, qui est une espèce de minerai rouge de fer mêlé d'argile. Pour faire des crayons blancs on débarrasse la craie de son sable par le lavage, puis on la pétrit en pains que l'on fait sécher à l'air et que l'on coupe par morceaux.

LXXIX. Imprimerie, Lithographie.

La manière la plus usitée d'imprimer sur le papier les lettres et les dessins quelconques, c'est l'impression en relief.

Des lettres mobiles assemblées en pages, des planches en bois, en cuivre, ou en toute autre matière suffisamment dure, gravées ou obtenues de toute autre façon, offrent des reliefs sur lesquels s'attache l'encre d'imprimerie, et auxquels le papier appliqué sur ces types, enlève ensuite une partie de cette encre : c'est ce qu'on appelle l'impression en relief.

Pour les lettres le procédé le plus économique consiste à composer les pages avec des lettres ou caractères mobiles. Quant aux dessins, c'est la gravure en relief sur bois et sur métal, qui est préférable.

La lithographie, qui est une sorte d'impression en relief, est moins chère et plus expéditive que la gravure, et son succès est tel qu'il n'est plus permis d'ignorer les procédés de cet art. A l'aide d'une encre ou d'un crayon composés essentiellement de graisse et de noir de fumée, on exécute un dessin sur une pierre calcaire d'une pâte très-fine et bien plane. Le dessin étant terminé, voici le détail de l'opération nécessaire pour opérer l'impression. Afin d'éviter des empâtements au tirage, on lave avec de l'essence de térébenthine le dessin que l'on fait entièrement disparaître. Les traces formées par le corps gras du crayon se maintenant sur la pierre, en passant dessus un rouleau chargé d'encre d'impression, tous les traits du dessin reparaissent bientôt aussi vigoureux qu'auparavant. Il faut, pendant cet encrage, avoir soin de tenir toujours la pierre mouillée, afin d'empêcher l'encre d'impression d'adhérer à la pierre, et qu'elle s'attache seulement sur les traits graisseux du dessin. Le dessin étant bien encré, on applique dessus une feuille de papier légèrement humide que l'on soumet à la presse, et l'empreinte se fait sur ce papier. On mouille de nouveau la pierre, on encre avec le rouleau, et sur une nouvelle feuille de papier on obtient une nouvelle épreuve, et ainsi de suite.

Toute impression sur caractères mobiles, sur gravures en relief, sur pierre lithographique, donne une épreuve qui est renversée, par rapport aux lettres, au dessin quel qu'il soit ; de même que l'image, renvoyée par un miroir, est renversée par rapport à l'objet qui l'a fait naître.

LXXX. Allumettes, amadou, briquet.

On fait des allumettes avec des morceaux de peuplier, de saule ou de bouleau, bien secs et bien droits, ces morceaux sont sciés à la longueur qu'on veut donner aux allumettes; on les fend menu, on rassemble ces brins en paquets dont on trempe les bouts dans une couche de soufre fondu. On fait aussi des allumettes avec les chènevottes ou tiges du chanvre dépouillées de leur écorce.

L'amadou est la partie la plus charnue d'un champignon qui croît dans les vieilles forêts.

En frappant un briquet d'acier contre le bord d'une pierre à fusil, le frottement détache une parcelle d'acier et produit assez de chaleur pour enflammer cette parcelle au moyen de l'oxygène de l'air. Telle est l'origine du feu donné par ce genre de briquet.

Les briquets phosphoriques s'obtiennent en fondant un petit cylindre de phosphore dans un tube de verre fermé à l'un des bouts et rempli d'eau pour empêcher que le phosphore ne prenne feu à l'air.

En posant une allumette sur ce phosphore préalablement desséché, on en détache une portion qui s'enflamme quand l'allumette est frottée contre un morceau de liège. Pour faire ces deux opérations d'un seul coup, on fond le phosphore avec du sable fin, et il suffit de frotter l'allumette contre ce mélange pour avoir du feu.

Les allumettes oxygénées ont un bout soufré qu'on empâte à l'aide d'une eau gommée, avec un mélange de soufre et de chlorate de potasse. En mettant l'allumette ainsi préparée sur de l'amiante imprégnée d'acide sulfurique au fond d'une petite bouteille, il se produit entre l'acide et le chlorate de potasse une réaction si vive que la chaleur dégagée suffit pour enflammer le soufre. Il faut avoir soin de conserver l'acide concentré en tenant la bouteille bien fermée, ce qui empêche l'acide d'absorber l'humidité de l'air.

Pour les allumettes à frottement, aujourd'hui les plus en usage, on n'a pas besoin du flacon d'acide sulfurique.

LXXXI. Chandelles, bougies.

On éclaire les maisons, les rues, les chemins aux abords des villes, &ᶜ., en brûlant des matières fort diverses et fort nombreuses, parmi lesquelles il faut distinguer particulièrement la cire d'abeilles, la graisse du bœuf et celle du mouton, les huiles tirées des végétaux, et le gaz extrait du charbon de terre.

La cire est tirée des ruches des abeilles sous forme de gâteaux criblés d'alvéoles, d'un jaune plus ou moins foncé; mais on la blanchit ordinairement, soit en l'exposant à la lumière et à l'air humide, soit par des préparations chimiques. On en fait ensuite des bougies dont la partie centrale est occupée par une mèche en coton.

Les graisses du bœuf et du mouton s'emploient seules ou mêlées avec une petite portion de celles des autres animaux. Si on se contente de débarrasser ce suif des pellicules des membranes très minces et très nombreuses qu'il renferme, de le blanchir et de le couler dans des moules autour d'une mèche, on obtient ce que nous appelons la chandelle.

Ce suif est formé d'une partie qui coule plus facilement, qui rend la chandelle poisseuse, et d'une autre plus ferme, plus consistante. On est parvenu à séparer ces deux parties: la première qui s'obtient à l'état d'huile, s'emploie dans le travail des draps; la seconde, qui est analogue à la cire d'abeilles blanchie, se moule comme elle en bougies qui ont le très grand avantage de brûler sans fumée sensible, et de conserver, avec leur forme, la propriété de leur extérieur alors même qu'on les transporte dans les pays les plus chauds du globe.

LXXXII. Éclairage par l'huile ou par le gaz.

Les huiles employées en France dans l'éclairage sont surtout celles qu'on extrait des graines de certaines plantes : le pavot, le colsa, la navette, ces huiles ont, pour la plupart, besoin d'être épurées, c'est-à-dire débarrassées de pellicules très-fines, de débris du tissu végétal de la graine qui a fourni l'huile. Alors seulement elles montent bien dans la mèche, elles ne l'obstruent par pas des dépôts, elles ne la charbonnent pas trop promptement ; alors elles brûlent avec un vif éclat et sans fumée.

Le charbon de terre, chauffé fortement dans des vases de forme allongée, en fonte ou en terre, dits cornues, se décompose, et il s'en dégage un mélange d'huiles en vapeur et de gaz qui, comme l'air que nous respirons, ne pourront plus, quelque froid qu'il fasse, se liquéfier ou revenir à l'état solide du charbon. Ce mélange gazeux s'échappe par une ouverture ménagée à l'extrémité de la cornue, et, par des tuyaux, se rend, après avoir subi certaines épurations, sous une immense cloche qui plonge dans l'eau et qu'on appelle gazomètre. De là le gaz est conduit par des tuyaux jusqu'aux divers points des usines et des maisons qu'il faut éclairer.

La cire, les graisses, les huiles, en un mot les matières qui s'emploient, à l'état solide ou à l'état liquide, pour l'éclairage, ne brûlent que parce qu'elles se transforment, autour de la mèche, en un gaz analogue à celui que l'on tire du charbon de terre.

Outre les matières que nous venons de nommer, on brûle aussi, dans certaines parties de la France, pour s'éclairer, de la résine, des huiles de poisson et d'autres substances encore ; mais, comme elles ont de graves inconvénients, leur usage doit diminuer avec le temps.

Les chandelles de résine, que l'on emploie dans les Landes et dans la Bretagne, donnent beaucoup de fumée ; les huiles de poisson ont, le plus souvent, une odeur repoussante et donnent aussi une flamme fumeuse, les huiles que l'on obtient en décomposant, par une très-forte chaleur, certaines pierres schisteuses, ont l'inconvénient de s'enflammer trop facilement et de mettre, par cette raison, le feu aux vêtements, aux rideaux, aux meubles, quand la lampe qui les renfermait vient à se renverser, ainsi que cela n'est que trop souvent arrivé.

LXXXIII. Chaux, mortiers ou ciments.

Pour faire le mortier, il est bon, quand cela se peut, de mêler le sable à la chaux dès que celle-ci est réduite en bouillie par l'addition de l'eau : la chaleur du mélange rend la combinaison des matières plus intime.

Il existe dans la nature des pierres calcaires imprégnées d'argile, et qui par la cuisson donnent une chaux dite hydraulique qui durcit dans l'eau et qui s'emploie spécialement dans toutes les constructions faites sous l'eau et dans les lieux très humides : on y ajoute néanmoins du sable ou de la brique pilée. Le ciment tiendra d'autant mieux qu'on aura pris du sable plus fin ou de la brique mieux pilée et tamisée, surtout si l'on a jeté sur la chaux de l'eau bouillante, si l'on a fait le mélange du sable et de la brique promptement et maçonné avec ce mortier encore chaud.

La chaux, que la nature nous fournit en si grande abondance, nous rend des services très-variés dans la culture des terres, dans un grand nombre de fabrications et dans presque tous les travaux de maçonnerie.

La chaux s'emploie dans les champs pour en augmenter la fertilité. Elle sert aussi à détruire, dans certaines prairies naturelles trop humides, des plantes parasites qui nuisent à la production du bon foin.

La chaux donne de la solidité à nos travaux de maçonnerie, de pavage : elle retient en place les briques, les pierres, les pavés, parce qu'elle forme avec le sable, avec la poudre grossière de brique, de poteries quelconques pilées, un mortier ou ciment qui de liquide qu'il était d'abord, devient peu à peu dur et consistant.

La chaux se trouve dans la plupart des pierres que nous allons chercher dans nos carrières ; mais, parmi ces pierres on ne prend, pour en extraire cette matière si utile, que celles où la chaux est combinée avec une autre substance qu'il est facile d'en faire sortir à l'état de vapeur de gaz, quand on chauffe fortement les pierres dans un four construit pour cet usage. Cette substance est le gaz acide carbonique.

LXXXIV. Pierres à chaux, plâtre.

Les pierres à chaux, ou pierres calcaires, sont chauffées par des feux de bois, de houille, de tourbe, suivant les lieux et suivant le degré d'économie que présentent ces combustibles ; mais la forme de ce four varie selon la nature du combustible que l'on emploie.

Quant à la confection du mortier, il tient mieux s'il est mêlé avec une petite quantité de chaux vive. En effet, le plâtre de Paris, si renommé, est un mélange naturel de neuf parties de gypse sur une de calcaire. Il est possible d'imiter ce mélange. Dans tous les cas, il faut donner au gypse pur ou mélangé toute l'eau qui lui est nécessaire pour se durcir et même un léger excès, car autrement une partie du gypse resterait à l'état pulvérulent, ou tomberait en écailles.

Le plâtre, si commun aux environs de Paris et dans certains autres lieux de la France est d'une grande utilité dans l'agriculture, dans la bâtisse, dans les arts.

Le plâtre active la végétation dans les prairies, et, sur nos chemins de fer, nos rivières et nos canaux, on emporte à de grandes distances pour cet usage.

Le plâtre est préférable à la chaux pour la plupart des constructions faites hors de terre, parcequ'il adhère plus fortement, plus promptement aux briques, aux pierres, et même au bois, parcequ'il prend facilement toutes les formes, qu'il se façonne, se moule en ornements de toutes sortes, parcequ'il offre une surface plus unie, plus nette.

Le plâtre se tire du gypse, ou pierre à plâtre, où il est combiné avec de l'eau devenue solide. Chauffé dans un four, il perd cette eau ; on le réduit en poudre ; puis, au moment de l'employer, on le gâche avec de nouvelle eau, qui refait avec lui un tout compacte et dur en quelques minutes.

Le stuc, au moyen duquel on imite les marbres, s'obtient en mêlant le gypse avec certaines poudres coloriées et en gâchant avec une dissolution de colle forte.

LXXXV. Fer, Fonte, acier.

Le fer ne se trouve point ou presque point, dans la nature, à l'état de métal : c'est l'industrie humaine qui obtient ce métal en faisant fondre ce qu'on appelle le minerai de fer.

Le minerai dont on extrait le fer consiste en une masse de petits grains mêlés de terre, colorés en rouge, jaune, brun ou noir. Ces masses se trouvent en quantité immense et souvent presque à fleur de terre. Après avoir extrait le minerai des champs où il était enfoui, on le lave pour le débarrasser de la terre et du gravier avec lequel il était mélangé.

Pour fondre ce minerai, on a construit de hauts fourneaux qui produisent une énorme chaleur. On les charge de charbon qu'on allume, et quand le feu est très-actif, on y jette le minerai qui, au bout de vingt-quatre heures, entre en fusion ; puis, par une ou- verture pratiquée au bas du haut-fourneau, on fait écouler le métal incandescent et liquéfié ; c'est ce qu'on appelle de la fonte de fer. La fonte sert à une infinité d'usages.

Pour convertir la fonte en fer pur, on place les barres de fonte sur une forge et on les entoure de charbon dont on excite la combustion à l'aide d'énormes soufflets. Quand elles sont entrées en fusion pâteuse, on les porte sous un très-lourd marteau qu'un cours d'eau fait mouvoir, et qui frappe les barres à coups répétés. Les barres perdent ainsi le quart ou le tiers de leur poids et se trouvent converties en fer.

Le fer le plus pur contient toujours un peu de charbon et de matières terreuses, quelquefois même du soufre qui le rend très-cassant.

Le fer combiné avec une quantité très-minime de charbon, est ce qu'on appelle l'acier.

L'acier est dit naturel quand on le forme immédiatement en mêlant une proportion convenable de charbon avec le minerai de fer. L'acier cémenté est celui qu'on produit avec du fer forgé que l'on chauffe en barres peu épaisses, dans des caisses de tôle, avec un mélange de poudre de charbon, de suie, de cendres et de sel marin.

L'acier fondu s'obtient en fondant de l'acier ordinaire dans un creuset.

LXXXVI. Aiguilles, épingles.

Pour faire les aiguilles à coudre, on coupe un fil d'acier en botte, par morceaux deux fois plus longs que les aiguilles, puis on les dresse. On en prend une vingtaine à la fois pour les aiguiser par les deux bouts sur une roue de grès qui tourne très-vite. On les coupe par le milieu pour faire de chacune deux aiguilles. Un coup de marteau les aplatit à un bout et forme la tête que l'on perce ensuite. Les aiguilles ainsi façonnées sont chauffées au rouge cerise dans des boîtes fermées, et jetées dans l'eau pour être ensuite polies en les frottant l'une sur l'autre avec de l'émeri, et rendues pointues sur une pierre à aiguiser. L'aiguille, avant d'être achevée, passe quelquefois par les mains de plus de cinquante ouvriers, dont chacun est chargé d'une partie de la fabrication : c'est cette division du travail qui la fait marcher plus vite et permet de vendre les aiguilles à aussi bas prix.

On se sert, pour certains travaux analogues à celui de la tapisserie, d'aiguilles à deux têtes, dont le milieu est occupé par le trou que traverse le fil. On fait traverser par ces aiguilles, sans jamais les retourner, le tissu sur lequel on travaille.

Les épingles, qui sont en fil de laiton, se fabriquent comme les aiguilles, excepté la tête que l'on fait en déformant et comprimant le métal entre des mâchoires de fer, ou en entortillant un fil plus fin dont on ajuste deux tours. Ces petites têtes sont chauffées et jetées dans l'eau pour les ramollir ; on les ajuste au bout de l'épingle où elles tiennent, à la suite d'un coup de marteau. On nettoie les épingles dans une dissolution bouillante de crème de tartre, puis dans l'eau pure, après quoi on les remet dans l'eau de crème de tartre bouillante, mais sur un plat d'étain : le métal se dissout dans la liqueur et se dépose sur les épingles en couche blanche. Une épingle passe par les mains de quatorze ouvriers, qui peuvent en faire cent mille par jour.

LXXXVII. Verres et miroirs.

Le verre se fait avec du sable broyé et de la potasse ou de la soude, matière que l'on fond dans un creuset; si l'on ajoute du minium, on obtient un verre plus net, plus pesant et plus facile à tailler, qui se nomme cristal.

Pour faire le verre à vitre, l'ouvrier prend de la matière fondue au bout d'un tube de fer et souffle une boule de la même manière que les enfants soufflent les bulles de savon; puis, monté sur une planche, il fait tourner son tube avec rapidité, ce qui allonge la boule de verre encore molle et lui donne la figure d'un cylindre; refroidi, ce cylindre est posé sur une table, on en détache les deux bouts arrondis, et on fend le manchon qui reste, suivant sa longueur; enfin on porte ce manchon de verre dans un four où il se ramollit, s'ouvre et s'aplatit en une feuille carrée.

Les bouteilles à vin se font avec du sable et de la potasse auxquels on ajoute un peu de sel marin et de chaux.

Les glaces se font en coulant de la matière formée de sable, de soude et de plomb, sur une table horizontale, où elles sont rendues aussi égales que possible à l'aide d'un rouleau métallique. Pour les polir, on en frotte deux l'une contre l'autre, en mettant entre elles des sables mouillés de plus en plus fins, et finissant par l'émeri. On les achève à la main avec de l'oxyde d'étain ou de fer. L'étamage se fait de la manière suivante : on met sur une table de marbre une feuille d'étain laminée très mince et très égale que l'on recouvre d'une couche de mercure; on présente le bord de la glace au bord de la table et on fait glisser le verre avec précaution sur la couche de mercure, de manière à ne laisser aucune bulle d'air s'attacher au verre; on charge ensuite la glace de forts poids : la pression qui en résulte chasse le mercure excédant par une rigole, et il n'en reste plus que la petite quantité nécessaire pour se combiner avec la feuille d'étain et dans cet état d'amalgame, se coller au verre.

Le verre se colorie par différents oxydes métalliques que l'on introduit dans la matière en fusion. On imite ainsi les pierres précieuses

LXXXVIII. Savon.

Les savons se composent d'un corps gras, tel que les huiles d'olive, de colza, d'œillette, de faîne, de noix &c, tel que les graisses de mouton, de bœuf &c, unis, ou, comme disent les chimistes, combinés avec une matière qui rend ces huiles et ces graisses solubles dans l'eau.

Cette matière est le plus souvent la soude, que l'on tire du sel marin ou plus simplement, de la lessive des cendres de certaines plantes qui croissent sur les bords de la mer. En mêlant à cette lessive de la chaux et la faisant bouillir, il s'y fait un dépôt qu'on rejette, et la liqueur ne contient plus qu'une soude épurée convenable pour les savons.

Une autre matière analogue à la soude s'emploie aussi; c'est la potasse qui s'extrait de la lessive des cendres de bois.

On mêle la lessive de soude ou de potasse avec les corps gras dans des chaudières entretenues à une température élevée. Il faut avoir soin de remuer sans cesse le mélange qui s'épaissit et d'y jeter des lessives de plus en plus fortes, dont l'eau surabondante est retirée au moyen d'un tuyau qui part du fond de la chaudière. La matière, transformée en savon, reste à sec et est de couleur blanche. Elle doit être recuite dans une autre chaudière avec une forte lessive, puis coulée dans de grandes cuves de bois ou de pierre pour s'y refroidir, et être coupée ensuite en morceaux. Pour marbrer le savon, il suffit d'ajouter à la pâte toute préparée un peu de sulfate de fer ou couperose verte.

Les savons de toilette se font de la même manière, en employant du suif et un quart d'huile qu'il faut aromatiser avec des essences, en mettant à cette fabrication plus de soin qu'à celle du savon ordinaire. La potasse ne donne que des savons mous.

En se combinant avec les taches produites par les corps gras sur notre linge, sur nos vêtements, la soude ou la potasse qui sont en excès dans les savons, font entraîner ces corps gras par l'eau de lavage. Si la laveuse employait la soude et la potasse seules, ses mains seraient profondément et douloureusement attaquées.

LXXXIX. Peinture des maisons.

La peinture destinée aux appartements, c'est-à-dire celle des croisées, portes, panneaux en bois, murs, plafonds, planchers, &c., se fait avec des couleurs délayées ou dans les huiles non volatiles, ou dans les huiles essentielles, telles que celle de térébenthine, ou dans l'alcool (esprit de vin), ou enfin dans l'eau.

La peinture à l'aide des huiles non volatiles, ou des huiles essentielles est nécessaire pour le dehors des croisées, des volets, des jalousies et de toutes les parties exposées à la pluie. Pour solidifier la couche de couleur dissoute dans les huiles non volatiles, on y ajoute des matières siccatives, telles que la terre d'ombre.

La peinture blanche à base de plomb, dite céruse, et celle à base de zinc sont les plus employées, soit pures, soit mélangées avec d'autres, dont elles prennent alors la couleur.

La peinture au blanc de zinc a pris depuis quelques années une grande extension en France, parce que les riches mines de zinc situées près de la frontière belge ont été exploitées avec une activité qui s'accroît chaque année. Le blanc de zinc est moins dangereux que la céruse pour les peintres et pour tous les ouvriers qui manipulent ces matières.

La peinture à l'eau, ou détrempe, se fait avec une matière colorante qu'on délaye dans la colle forte très-claire, étendue à chaud avec une brosse. Pour les carreaux d'appartements, la matière colorante est de l'ocre rouge ou jaune : on pourrait se servir de toute autre terre colorée, par exemple, en bleu ou en vert. Il est bon d'appliquer deux couches de détrempe aux carreaux, de les couvrir d'une couche d'huile siccative de lin, puis d'un encaustique, ou dissolution de cire dans l'eau de potasse. On termine en frottant avec une brosse rude.

Les mêmes opérations se font pour les parquets, seulement l'ocre est remplacée si l'on veut, par le jaune de graine d'Avignon, le curcuma, &c.

XC. Ponts suspendus.

Depuis quelques années on a construit beaucoup de ponts suspendus. Deux massifs de pierre sont établis dans le sol des deux côtés de la rivière; à ces massifs sont attachées les chaînes qui doivent porter le pont et qui s'étendent d'une rive à l'autre. On met 4, 6 ou 8 chaînes pour la droite, et autant pour la gauche du pont. Ces chaînes sont en fer forgé: ce sont de grandes barres boulonnées bout à bout en forme d'articulation; quelquefois ce sont des cordes en gros fil de fer.

Comme des chaînes suspendues au dessus d'une rivière offrent toujours une courbure qui les affaisse vers le milieu, il est nécessaire de les faire passer vers les deux bouts sur des piliers ou des arceaux assez élevés pour que le milieu des chaînes soit un peu supérieur au niveau du pont à établir. Cela fait, on suspend à ces chaînes des tiges de fer d'inégale longueur, mais dont les extrémités inférieures atteignent toutes le niveau du pont et puissent y être attachées; c'est ainsi que le pont sera soutenu et qu'il sera possible de lui donner telle courbure que l'on voudra. Si la rivière était par trop large, on mettrait une ou plusieurs piles au milieu pour soulager les chaînes de leur pesant fardeau. Sans cette précaution, une rupture serait possible, et ce genre d'accident est déjà arrivé plusieurs fois.

De trop cruelles expériences ont appris que la cause la plus puissante de rupture pour les ponts suspendus, était le passage d'une troupe d'hommes marchant tous du même pas, comme le font les soldats. Cette action simultanée de tous ces hommes qui en même temps frappant du pied le plancher du pont, puis se relèvent et retombent sur l'autre pied, ainsi que le veut la marche; cette action, disons-nous, produit une série d'inflexions, d'ondulations régulières, dans ces ponts suspendus si élastiques. Chaque pas augmente l'étendue de l'oscillation du pont, et bientôt arrive sa dislocation et sa chute, avec celle des hommes qu'il portait.

Pour prévenir le retour de telles catastrophes on a depuis longtemps ordonné que les troupes rompraient le pas militaire au passage des ponts suspendus.

XCI. Machines à vapeur.

La production et la liquéfaction alternative de la vapeur et la force qui en résulte sont le principe d'après lequel la plupart des machines à vapeur ont été construites. On fait arriver cette vapeur, au sortir de la chaudière, dans un large tuyau ou corps de pompe, où peut glisser une sorte de bouchon ou piston; quand la vapeur est amenée au-dessous du piston, elle le soulève; quand elle est conduite au-dessus elle le fait redescendre; et chaque fois que la vapeur agit d'un côté du piston, on liquéfie celle qui est de l'autre côté en la faisant passer dans un vase tenu froid. Dans d'autres machines, au lieu de condenser la vapeur, on lui a donné son essor; et le mouvement des machines de ce genre a lieu par les seules alternatives d'arrivée et de sortie de la vapeur engendrée. Le jeu de ces machines est très-compliqué, les pièces sont nombreuses et très-diversifiées. La force de la vapeur a été appliquée partout, et c'est aujourd'hui, pour ainsi dire, l'âme de l'industrie.

On a régularisé le jeu des machines à vapeur, au moyen d'une roue ou d'un volant très-lourd, lequel, étant une fois lancé, continue le mouvement dans les courts instants où la vapeur n'agit point.

Avec un moteur qui tourne uniformément, il est possible de produire tous les genres de mouvements que réclame l'industrie.

Les machines à vapeur ont été appliquées aux pompes, aux filatures, aux forges, aux usines de toute espèce. De plus elles servent à faire marcher des bateaux sur la mer et sur les rivières, ou des voitures sur les routes. On a même fait des canons et des fusils à vapeur.

La plus admirable des machines à vapeur est certainement la locomotive, qui, sur les chemins de fer, entraîne de longues files de voitures chargées d'un très-grand nombre de voyageurs, avec une vitesse qui parfois a été de 15 lieues à l'heure.

XCII. Chemins de fer.

Les chemins de fer sont formés de rails ou barreaux de fer, qu'on place bout à bout sur deux lignes parallèles, distantes l'une de l'autre de l'intervalle des roues des voitures qui doivent parcourir ces chemins. Les barres ont de 3 à 4 mètres de longueur; elles sont reliées invariablement entre elles par des pièces en fer appelées coussinets, par des traverses en bois ou en fer, qui vont de l'une des deux lignes parallèles à l'autre, ou encore par des charpentes appelées longrines, qui règnent sous les rails. &c., &c..

Les roues des voitures sont munies de rebords intérieurs qui les empêchent de quitter les rails. Elles sont fixées sur leur essieu qui tourne dans des boîtes attachées à la voiture; de sorte que les deux roues, montées sur un essieu, se meuvent ensemble et avec lui. C'est donc là l'opposé de ce qui a lieu dans les charrettes, dans les voitures ordinaires, où l'essieu, fixé sur la caisse de la voiture, ou du moins sur les ressorts qui la portent, ne tourne pas, et où les deux roues de cet essieu sont indépendantes l'une de l'autre.

Les voitures qui portent les voyageurs, celles qui sont chargées de marchandises, sont toutes à ressorts, afin de mieux amortir l'effet destructif des chocs que produit la rapidité de transport et les défauts de construction du chemin.

Toutes les voitures, auxquelles on a donné le nom spécial de wagons, sont réunies entre elles par des chaînes qu'on peut décrocher, afin de les séparer quand l'ensemble ou train est arrêté. De plus ces wagons sont munis de ressorts terminés par des tampons entre lesquels ont lieu les chocs que produisent les différences accidentelles de vitesse entre les voitures, ainsi que les mises en mouvement du train et les arrêts. Les ressorts atténuent donc l'effet de ces chocs pour les voyageurs, pour les marchandises, pour les wagons eux mêmes, qui sans cette précaution, seraient promptement mis hors de service.

La provision d'eau et de charbon nécessaire à la locomotive est portée généralement sur un wagon distinct qu'on appelle tender, et qu'on relie d'assez près à la locomotive pour que le mécanicien et les chauffeurs puissent passer de l'un sur l'autre. Un tuyau à articulation conduit dans la chaudière de la locomotive l'eau du réservoir porté sur le tender.

XCIII. Chemins de fer dans les mines — Puits artésiens.

Les premiers chemins de fer ont été établis dans l'intérieur des galeries des mines, et à l'extérieur, pour le transport du minerai jusqu'au canal, jusqu'à la rivière voisine.

Sur la plupart des chemins des mines on emploie des chevaux, et il n'y a pas bien longtemps que l'on voyait aussi des chevaux traîner des voyageurs sur l'un de nos chemins de fer de France. La substitution des locomotives aux chevaux est doublement avantageuse : elle permet de remorquer les trains plus vite et plus économiquement.

Il arrive parfois qu'en perçant la terre d'un trou plus ou moins profond, on attaque une source d'eau qui remonte jusqu'à la surface du sol ou même jaillit quelques décimètres au-dessus ; c'est ce qu'on appelle un puits artésien — du nom de l'Artois, province de France où ce procédé a d'abord été employé.

Le percement des couches de terrain se fait à l'aide de tarières et d'autres outils, qui se fixent au bout inférieur d'une série de barres de fer ou de bois, emmanchées les unes aux autres et que l'on fait jouer à l'aide d'un fort mécanisme. On retire de temps en temps avec une cuette les matières détachées par le jeu de la tarière.

La France possède un certain nombre de puits artésiens, dont quelques-uns donnent des eaux jaillissantes, et parmi lesquels il faut mettre en première ligne le puits foré dans l'abattoir de Grenelle, à Paris. Ce puits a été foré à la profondeur de plus d'un demi-kilomètre, et les eaux ont presque atteint la hauteur des points les plus élevés du sol de Paris ; les eaux qu'il amène ont une chaleur de 27 degrés environ.

Il existe, non loin de la frontière française, dans le duché de Luxembourg, un puits artésien beaucoup plus profond encore.

XCIV. Ballons aérostatiques.

Les ballons à l'aide desquels on peut s'élever dans les airs ont été inventés en 1783, par Montgolfier, d'Annonay.

Voici le procédé de cet inventeur. Son ballon est fait en papier recouvert de toile et au besoin d'un canevas, ou même en papier seulement. Au-dessous d'une ouverture ménagée à la partie inférieure du ballon presque replié sur lui-même, on fait brûler de la paille, de la laine hachée ou même de l'huile. En quelques minutes on gonfle ainsi les plus vastes ballons.

A l'intérieur, l'air se trouve mêlé de certains gaz plus légers que lui, qui résultent de la combustion incomplète et de la décomposition de ces matières, et ce mélange gazeux est rendu plus léger encore par la dilatation; l'air extérieur, deux fois plus condensé, on agit sur le ballon comme l'eau agit sur un bouchon que l'on a plongé au sein de ce liquide; c'est-à-dire que cet air extérieur soulève le ballon alors même qu'on le charge par en bas du poids d'une nacelle, de celui de deux ou trois voyageurs, de leurs provisions et de quelques instruments.

Pour descendre, il suffit de laisser refroidir l'atmosphère intérieure de cette montgolfière.

Un procédé plus usité que celui de Montgolfier consiste à gonfler le ballon avec le gaz hydrogène, qui est beaucoup plus léger que l'air atmosphérique.

Les ballons à hydrogène sont formés de taffetas enduit avec une dissolution de gomme élastique dans l'huile de térébenthine ou simplement avec de l'huile siccative de lin; de cette manière, le gaz hydrogène fuit moins facilement à travers les mailles du tissu. On enveloppe le ballon d'un filet qui sert à suspendre la nacelle destinée et les aéronautes.

L'aéronaute emporte du lest, c'est-à-dire du sable, qu'il jette quand il veut faire monter le ballon.

Pour descendre, il ouvre la soupape du ballon et laisse fuir du gaz. On peut aussi abandonner le ballon et descendre en parachute, appareil qui s'ouvre comme un parapluie et retarde la chute de la nacelle quand celle-ci est détachée du ballon.

Paris. — Typographie Panckoucke, rue des Poitevins, 14.

No. 4.
Modèles de style épistolaire.

XCV. Paul âgé de treize ans, prie M. d'Altémont de
l'instruire sur les devoirs d'un apprenti.

Sarincourt, 1er Fév. 1852.

Monsieur,

Vous avez toujours été si bon pour notre famille, que je
ne crains pas de vous être importun en vous entretenant de ma
position, et en recourant encore à votre obligeance.

Depuis que mon père a quitté votre service pour se marier,
vous n'avez cessé de le combler de bienfaits; et vous venez encore de lui envoyer trois cents francs pour me mettre en apprentissage chez un coutelier de Langres.

Comment pourrai-je jamais reconnaître tant de bontés!
O monsieur, je vous en conjure, à tant de services ajou-
tez-en un autre!

Dans huit jours, je pars pour aller trouver mon maître;
cet apprentissage m'assure un avenir avantageux; mais il faut
aller bien loin de mes parents, dans une ville où je n'ai âme qui vive.

J'ai besoin de conseils. O monsieur! voulez-vous employer en ma
faveur une demi-heure de votre temps, et me tracer par écrit
une règle de conduite?

Votre lettre, si vous daignez me répondre, sera pour moi
un trésor plus précieux que l'or et l'argent.

J'ai un petit portefeuille, dont M. le curé m'a fait
présent, et que je veux garder toute ma vie en souvenir
de lui. J'y mettrai votre lettre; tous les soirs, avant de me
coucher, je la relirai, et tout le jour elle reposera sur mon cœur.

Ma main est un peu tremblante en vous écrivant, car
je pleure à l'idée de quitter mon père et ma mère; mais
je saurai avoir du courage.

Je suis, avec autant de reconnaissance que de respect,
Monsieur,
Votre très-humble et très-obéissant serviteur,
Paul Lacroix.

XCVI. — M. d'Altemont explique à Paul quels sont les devoirs d'un apprenti.

Paris, 6 février 1852.

Mon petit Paul, tes bons sentiments me charment, puisses-tu les conserver toujours. Je me fais un plaisir de te tracer la manière dont un apprenti doit se conduire. Lis-moi avec bien de l'attention.

Le maître que tes parents te donnent va les remplacer auprès de toi dans l'œuvre importante de ton instruction; c'est lui qui fera de toi un bon ouvrier; et qui te mettra à même de gagner honnêtement ta vie.

Tu ne saurais donc avoir pour lui trop de respect, puisqu'il tient la place de ton père et de ta mère; trop de dévouement; puisque tu lui devras ta profession qui rendra ton existence indépendante et honorable.

Le respect ne consiste pas seulement dans les démonstrations extérieures et dans les formules de langage; il est dans le cœur, et, de là, il passe dans l'intelligence et se mêle à toutes les actions de la vie.

Le dévouement consiste dans une disposition vive et sincère à faire ce dont on est capable pour être utile à un bienfaiteur, pour l'obliger et pour lui plaire, et à faire volontiers le sacrifice de tout ce qui détournerait de l'accomplissement de ce devoir.

En entrant dans cette nouvelle famille, n'espère pas d'y trouver l'indulgence, peut-être excessive, à laquelle tu étais accoutumée dans la tienne; on sera sévère envers toi, on ne te passera rien, et par là on te rendra un grand service; il est bon qu'un enfant vive avec des étrangers et soit de bonne heure sevré des douceurs de la maison paternelle. C'est ainsi qu'en faisant l'apprentissage d'un métier, il fait aussi celui de la vie.

Songe que toutes les contrariétés qu'on te fera éprouver sont pour ton bien: ne t'en irrite jamais; point de dépit; point de rancune secrète, point de larmes; prends tout en bonne part; sois reconnaissant d'un reproche, d'une réprimande, d'une punition, et ne va pas follement te figurer qu'on te veut du mal, parce que, pour de sévères exigences, on assure ton bonheur à venir. Tu le sentiras plus tard.

XCVII. M. d'Altemond explique à Paul quels sont les devoirs d'un apprenti. (Suite.)

Sois chez ton maître, d'une discrétion irréprochable, ne regarde pas ce que l'on ne veut pas montrer à tes yeux; n'écoute pas ce qui n'est point dit pour tes oreilles; ne cherche point à pénétrer les secrets de la maison.

Surtout ne redis pas au dehors ce qui s'y passe, ne répète point ce que tu y as entendu. Pour tout ce qui concerne la maison de ton maître, sois muet même avec tes parents, auxquels tu dois la confiance entière de ce qui te regarde, mais rien de plus. Ne leur fais jamais de plaintes quand ils viendront te voir; sache plutôt supporter quelque chose qui ne te paraît injuste. Ne dis point que l'on t'a brusqué, que l'on t'a maltraité, que tu es mal couché, que tu es mal nourri. Ces rapports font naître la mésintelligence entre les deux familles, et ont souvent des résultats déplorables.

Cette discrétion doit s'étendre à tout. Ne parle jamais des affaires de ton maître. D'abord elles ne te regardent point; en second lieu, le bavardage d'un enfant peut avoir des suites dont il ne se doute pas.

Sois toujours empressé, serviable, de bonne humeur; ne sois ni sournois ni rapporteur; un sournois se fait mépriser, un rapporteur se fait détester. Si tu as des camarades, sois toujours franc et bon avec eux.

Surtout, sois docile et appliqué, c'est le seul moyen d'apprendre. Demande que l'on t'explique ce que tu ne comprends pas; n'aie pas, sur ce point, de mauvaise honte. Ne te rebute pas quand tu ne réussis point d'abord à quelque chose, et recommence-le cent fois s'il le faut, jusqu'à ce que tu le fasses bien. Aime ton métier, et travaille toujours de bonne volonté. L'apprenti qui travaille de bonne volonté fait plus de progrès en deux ans que n'en fait en un an celui qui travaille sans goût et sans ... .

XCVIII. M. d'Altemont explique à Paul quels sont les devoirs d'un apprenti. (Fin.)

Souviens-toi que les intérêts de ton maître doivent être sacrés pour toi. Défends-les en toutes circonstances. Ne souffre pas qu'on lui fasse aucun tort, si tu peux l'empêcher.

Dans l'intérêt de ton maître, et aussi dans le tien, il y a trois choses que tu dois ménager avec un soin extrême. Ces trois choses sont: les outils, les matériaux, le temps.

Les outils: L'ouvrier doit tenir à ses outils comme le soldat à ses armes. Que les tiens soient toujours en bon ordre, bien ménagés, proprement tenus. Des outils bien soignés font un bien meilleur usage et durent bien plus longtemps.

Les matériaux: Ton maître t'en confie pour t'apprendre ton métier. Garde-toi bien de les gaspiller par imprudence ou par étourderie; tu en as gâté déjà peut-être bien assez par ton inexpérience: ces matériaux sont la propriété de ton maître ou de personnes qui les lui ont confiés pour les mettre en œuvre. Tu lui ferais donc du tort si tu ne les ménageais pas autant qu'il dépend de toi.

Le temps: Garde-toi de le perdre; le temps de l'apprenti, c'est le trésor de son avenir; c'est aussi le dédommagement des peines que son maître s'est données pour l'instruire. Fais-en donc un usage consciencieux. Si on te donne des commissions, ne t'amuse pas en route. Si tu peux faire un ouvrage en une heure, n'y mets pas une heure et demie. Lève-toi de bonne heure et lestement. Bref, les jours de fêtes même préfère les jours de travail.

Avant tout et par-dessus tout conserve la crainte de Dieu, et Dieu ne t'abandonnera jamais. Fuis les bons exemples, repousse les mauvais. Cherche sérieusement et avec persévérance à devenir un honnête homme; tu mériteras d'être heureux et tu le seras, car il n'y a, même en ce monde, de bonheur que pour les honnêtes gens.

Adieu, mon cher Paul, compte toujours sur mes bons sentiments pour toi.

D'Altemont.

XCIX. Un père annonce à son fils, la naissance d'un frère.

Orléans, 9 Mai 1851.

Mon cher enfant, il vient de te naître un frère : Dieu a bien voulu t'envoyer un bonheur qui te manquait, celui d'avoir un ami né des mêmes parents que toi ; rends-lui grâces, mon enfant.

Communique cette heureuse nouvelle à ton oncle et à ta tante, chez qui tu dois rester encore quelques jours ; dis-leur que ta mère et ton petit frère sont dans un parfait état de santé.

Ta mère et moi, nous nous estimions heureux de te posséder parce que tu es bon et que tu nous fais espérer qu'un jour tu nous donneras consolation et contentement ; maintenant nous voilà doublement satisfaits, car nous aimons à croire que ton frère sera comme toi, aimant et sensible.

Ses bonnes qualités, mon ami, peuvent être en partie ton ouvrage, selon l'exemple que tu lui donneras. Quand il commencera à faire usage de sa raison, il s'appliquera naturellement à imiter la conduite qu'il te verra tenir, et tu seras le premier sur qui son attention se portera. Alors s'il te voit doux, aimable, obéissant, appliqué à tes devoirs, il ne croira pas qu'un enfant puisse, pour être heureux, se passer de montrer de la douceur, de l'amabilité, de l'obéissance. Ainsi, tu lui auras appris à bien faire ; et comme bien faire, c'est le moyen d'être heureux, tu auras contribué à son bonheur.

Alors, au contentement que ta mère et moi aurons de ta conduite, se joindra la satisfaction de voir que tu nous rendras l'éducation de ton frère plus facile. Nous recevrons de toi un grand service et, pour te payer, nous ne pourrons faire autre chose que de redoubler pour toi d'amitié.

Dès ce-jour donc, mon cher Auguste, applique-toi à être bien sage, à bien apprendre, pour te mettre en état de guider ton frère sur lequel tu as une avance de huit ans, de lui donner de bons conseils, enfin d'être un jour son modèle, en même temps que son défenseur et son meilleur ami.

Ton père,
E. Réval.

C. Léon raconte à son ami la visite qu'il a faite
au village où il est né.

Longchamps, 2 Juin 1850.

Depuis longtemps, mon cher ami je brûlais de voir, ne fût-ce
que pour vingt-quatre heures, ce village où s'est écoulée mon
heureuse enfance, et que je n'ai point revu depuis l'époque déjà éloignée
où mes parents obligés de le quitter, m'emmenèrent avec eux.

Enfin, j'ai pu satisfaire mon désir. Quelles douces impressions
j'ai éprouvées! Je brûle de les répandre dans ton cœur. Toi qui es
le confident de toutes mes pensées, toi qui t'intéresses si vivement à tout ce qui me touche, cher Alfred, prends part à la
joie que je viens d'éprouver.

Mon village est situé sur le penchant d'une colline.
Avec quel transport, j'ai d'abord parcouru le riant vallon qui s'étend
à ses pieds, et que dans mon enfance j'aimais tant à parcourir;
mais, le croirait-on, une déception m'y attendait. J'étais allé en
courant jusqu'à la rivière qui arrose le vallon; qu'elle me parut changée!
Mes souvenirs me la représentaient fort large et profonde. Dans mon enfance,
c'était un fleuve pour moi, et les rochers de ses bords étaient à mes yeux
d'une élévation prodigieuse; je ne me figurais pas que les Alpes pussent
être plus hautes. Eh bien, aujourd'hui, ce fleuve ne me paraît plus qu'un
assez large ruisseau, et les rochers de ses bords me semblent moins de véritables rochers que d'assez grosses pierres. Ainsi, nous jugeons les
choses d'après les rapports qu'elles ont avec nous. La rivière ne s'était
point rétrécie, les rochers ne s'étaient point abaissés, mais j'avais grandi.

En allant au village et en le parcourant, j'ai tout revu,
tout reconnu avec transport; l'avenue bordée de hauts peu-
pliers; le ruisseau, la fontaine, le lavoir, et la maison où je suis
né, et l'enclos paternel tout plein de fleurs et de verdure, et
le presbytère où j'ai reçu de si douces leçons, et le clocher aigu
et penché où nichaient les corneilles, et l'orme séculaire de
la grande place, vieux témoin des jeux, des luttes et de toutes
les fêtes du village!

Mais le lieu dont l'aspect a fait plus vivement battre
mon cœur, c'est l'église.

CI. Léon raconte à son ami la visite qu'il a faite au village où il est né. (Suite.)

Jamais les superbes édifices consacrés au culte dans nos villes ne me causèrent l'émotion religieuse qui s'empara de moi lorsque je mis le pied sur la première dalle de ce temple modeste. Les bancs étaient rangés comme autrefois, et je reconnus ma place et celle de ma mère. Voici l'endroit où je me tenais à genoux le jour de ma première communion. O Alfred! qu'il m'a été doux de revoir les muets témoins de cette scène, la plus touchante et la plus solennelle de ma vie! Quand il se leva enfin ce jour béni et si longtemps attendu, j'offris à Dieu une âme pure encore. Nous étions là quinze enfants graves, recueillis et remplis d'une pieuse inquiétude. Je me souviens que lorsque le vénérable pasteur s'approcha avec le vase sacré, je tremblais, dans mon innocence, comme un pécheur chargé d'iniquités qui va paraître devant Dieu. Je le vois encore, ce saint homme, avec sa belle tête blanche, son front calme et haut, son regard plein de douceur et de bonté. Il s'arrête au moment où, agenouillés devant la sainte table, nous attendions dans un religieux silence; et, le bras levé, l'hostie en main, les yeux abaissés sur nous, la voix un peu émue: « O mes enfants, nous dit-il, mes chers enfants, il y a fête au ciel aujourd'hui; car les anges, vos frères, vous regardent, et vous êtes purs comme eux. Ah! si vous deviez un jour.... » Il s'interrompit, comme pour éloigner un pénible pressentiment; puis reprenant d'une voix pleine d'onction: « On raconte qu'un jeune chrétien, un enfant comme vous, après avoir participé au divin mystère auquel vous allez être admis, s'endormit le soir dans le sein de Dieu, pour ne plus se réveiller; et le lendemain le prêtre, assis à son chevet, disait à sa mère en pleurs: « Heureux enfant! il est au ciel. » O vous, qui sans doute vous réveillerez demain, conservez longtemps les saintes impressions de ce jour sacré, et puisse le prêtre qui vous aidera à mourir dire de vous: « Heureux vieillard! il est au ciel. »

Ah! je ne les oublierai jamais ces douces et profondes impressions; aujourd'hui encore, ô mon ami, elles sont aussi vivantes qu'en cet instant solennel, et ces paroles sont à jamais gravées dans mon cœur.

CII. Léon raconte à son ami la visite qu'il a faite au village où il est né. (Fin.)

Au sortir de l'église, après avoir prié quelque temps dans le cimetière, j'allai jeter un coup d'œil sur la maison d'école. Je la revis avec un bonheur pur de toute amertume. O Alfred! on me disait, quand j'étais écolier, que c'était le temps le plus heureux de ma vie. Je ne l'ai vu que depuis que ce temps est passé. Nous avions pour maître un de ces instituteurs excellents qui ont embrassé cette profession par amour de l'enfance, qui n'ont fait toute leur vie qu'enseigner, et enseigner avec zèle; hommes patients, laborieux, honnêtes, toujours estimés et souvent aimés. Il avait sur nous l'influence d'une affection toute paternelle et l'autorité d'une vie sans tache. Aussi j'aurais eu plaisir à le revoir et à lui serrer la main; mais il n'était plus là; un plus jeune l'avait remplacé. Puisse-t-il être aussi honnête et aussi aimant que son prédécesseur! Je ne puis rien souhaiter de mieux pour ses élèves ni pour lui.

Puis je suis allé visiter la maison paternelle. Je ne saurais te dire ce que j'ai éprouvé dans ce lieu tout plein des souvenirs de mon père et de ma mère; partout je retrouvais leurs traces; j'ai versé quelques larmes. Cher Alfred, ces larmes étaient bien douces!

Tandis que j'étais absorbé dans ces souvenirs, je me sentis frapper sur l'épaule. Je me retournai; c'était un de mes amis d'enfance, un de mes meilleurs camarades. Il m'embrassa avec effusion, et, me prenant sous le bras, il m'entraîna chez lui. Sa famille me fit l'accueil le plus cordial. Les confidences de l'amitié prolongèrent longtemps le repas du soir. Il me conduisit enfin dans la chambre qui m'était destinée, et un paisible sommeil termina pour moi cette journée si féconde en douces émotions.

Adieu, mon ami; cette lettre est bien longue; mais j'en suis sûr, elle ne t'a pas ennuyé.

Léon D.

CIII. Un ancien professeur reproche à une mère de gâter son fils.

Je vais m'exposer à vous déplaire, madame, je le sais bien : vous allez peut-être voir en moi un censeur importun, un contradicteur morose, mais mon sincère attachement pour vous et pour ce que votre enfant ne me permet pas de garder plus longtemps le silence. Je dois vous parler avec franchise, tandis qu'il en est temps encore : j'aime mieux être aujourd'hui indiscret que de me faire accuser plus tard d'avoir été indifférent.

C'est de votre tendresse pour Adolphe que je vous vous parlerai Certes, quelque vive qu'elle soit, je suis loin de la blâmer. Il y a tant de douceur à aimer son enfant ! Rien, d'ailleurs, n'est plus légitime. Mais aimez-vous votre fils en mère prudente, éclairée et attentive aux intérêts de son avenir ? Je crains que non, madame ; je crains que votre extrême tendresse ne vous ait engagée dans une fausse route ; en un mot, permettez-moi de vous le dire, je crois que vous gâtez votre enfant.... Ce terme vous paraît dur ; je n'ai pu m'empêcher de l'employer : c'est le seul qui rende bien ma pensée.

Je reconnais avec vous les bonnes qualités d'Adolphe ; et, quelque éloge que vous fassiez de lui, j'y souscris avec plaisir. Mais le plus heureux naturel se corrompt, quand on lui témoigne une indulgence excessive. Un âge si tendre a continuellement besoin d'être averti, redressé, réprimé ; votre enfant ne l'est jamais : vous n'avez pas la force de le contrarier. Cela suffirait pour le gâter. Mais il y a plus, par une faiblesse dont vous seule ne vous apercevez pas, vous encouragez en lui des défauts naissants qui pourront, avec le temps, avoir des résultats déplorables.

CIV. Un ancien professeur reproche à une mère de gâter son fils. (Suite.)

Par exemple, lorsqu'il s'est emporté à quelque accès d'impatience ou même de colère, ou lorsqu'il s'est abandonné à quelque caprice extravagant, vous l'excusez, vous riez même, sous prétexte que, dans un enfant si jeune, tout cela est sans conséquence; ou si vous lui faites voir votre mécontentement, il pleure, il sur-le-champ vous êtes désarmée par des larmes : il vous tarde de voir la joie renaître sur son front et le sourire sur ses lèvres; vous lui prodiguez vos embrassements, vous lui demandez presque pardon de l'avoir affligé; il sait de là que, plus il fait mal, plus il est comblé d'encouragements et de caresses.

Voilà pour l'éducation; pour l'instruction, il en est de même. Adolphe ne travaille qu'autant qu'il le veut et comme il le veut. Toutes les excuses que sa paresse peut inventer pour se dispenser d'aller en classe sont bien accueillies de vous. Aussi, malgré son intelligence naturelle, ses progrès sont à peu près nuls. Quand il se plaint de ses maîtres, vous lui donnez raison, ou si vous les défendez contre lui, c'est si faiblement, qu'il devine aisément qu'au fond de votre pensée il ont tort. Quand ils se plaignent de lui, vous les soupçonnez intérieurement d'être injustes envers cet enfant, de méconnaître ses bonnes qualités, d'attacher de l'importance à des riens, d'avoir pour d'autres élèves une préférence secrète.

Cependant, le plus ardent de vos vœux c'est le bonheur de votre fils; mais, madame, Adolphe grandit. Quand, accoutumé par vous à voir dans la maison, toutes les volontés fléchir devant la sienne, il se trouvera obligé de vivre dans le monde avec des égaux ou des supérieurs qui ne lui passeront rien, sera-t-il heureux? Quand, ayant contracté la fatale habitude de ne rien faire ou de ne faire que ce qui lui plaît, il sera contraint de travailler, non selon son goût, mais selon la nécessité; et que son incapacité lui rendra toute profession, ou pénible ou même impossible, sera-t-il heureux? Et la mère qui en flattant et en encourageant des défauts dont il eût été si facile de le corriger, lui aura préparé un tel avenir peut-elle heureuse elle-même?

CV. Un ancien professeur reproche à une mère de gâter son fils. (Fin.)

Ah! craignez qu'alors Adolphe ne vous adresse, d'intérieurement du moins, de justes reproches. Sans doute il aura toujours pour vous le même respect, la même tendresse; j'aime à croire qu'il ne ressemblera pas aux autres enfants gâtés, qui, pour la plupart, deviennent insensibles et profondément égoïstes. Mais, tout en vous aimant, il croira avoir à se plaindre de vous, et ce sentiment, dont le respect contiendra l'expression, n'en sera que plus amer.

Remarquez que je n'admets pas comme possible, les résultats qui, dans les enfants d'un naturel moins généreux qu'Adolphe, ne sont malheureusement pas rares. Demain il ne ressemblera à ces jeunes gens dont les défauts, n'ayant pas été réprimés de bonne heure, prennent avec l'âge un développement effrayant; qui, habitués à ne pas craindre leurs parents, s'abandonnent sans scrupule au désordre; et qui, lorsqu'enfin, on veut les faire entrer dans le devoir, répondent aux exhortations par l'indifférence la plus complète, et quelquefois même aux reproches par l'insolence. Non, Adolphe ne peut inspirer de telles craintes; il a un trop heureux naturel; il a continuellement sous les yeux de trop bons exemples pour devenir jamais ce qu'on appelle un mauvais sujet. Mais songez-y bien, sur dix mauvais sujets il y en a neuf qui ne le sont devenus que par suite de l'indulgence excessive de leurs parents.

Faites donc sur vous-même un effort généreux, madame, soyez sévère avec Adolphe quand il faut l'être; exigez qu'il soit studieux et soumis à ses maîtres. Ne souffrez en lui ni emportements ni caprices; sachez le priver de vos caresses quand il ne les a pas méritées. Quand votre cœur souffre des peines salutaires que dans son intérêt on doit lui infliger, cachez lui vos larmes, et ne paraissez sensible aux siennes que quand le repentir ou quelque autre sentiment louable les fait couler.

Suivez avec persévérance ce plan de conduite : Adolphe deviendra le meilleur de nos jeunes gens, et sa mère sera la plus heureuse des mères.

Dans cet espoir, je termine ma lettre, madame, en vous priant d'agréer la nouvelle assurance de mes sentiments respectueux.

A. B.

CVI. Joseph Bonnard, soldat dans le 2ᵉ régiment d'artillerie, annonce à son père qu'il est arrivé au régiment.

Besançon, le 9 août 1839.

Mon cher père et ma chère mère,

Je commence par m'informer de votre santé et de celle de toute la famille, et aussi par vous rassurer sur la mienne qui est fort bonne.

Me voilà au régiment, et je dois un peu causer du grand chagrin que j'ai eu en vous quittant, car j'ai tant de besogne à faire que je n'ai pas le temps de me désoler. Le service nous apprend par cœur dans un jour; j'ai bien de la peine à faire l'exercice, mais il y en a de plus maladroits que moi encore, et, quoique ce soit bien ennuyeux, je ne me plains pas quand je vois les officiers et les sous-officiers qui nous instruisent crier tous les jours la même chose à des têtes de fer qui n'y entendent rien, et je les trouve plus à plaindre que moi. Ce qui me coûte le plus, c'est de me tenir droit comme un piquet. J'ai bien de la peine à me sauver des punitions, parce que l'on est si difficile sur la propreté que le sous-officier trouve toujours quelque chose à reprendre.

Adieu, mes chers parents; je ne suis pas trop malheureux, car je suis mieux nourri, mieux habillé que chez nous, et je travaille moins; mais je n'ai pas le cœur aussi à l'aise. Dites à mon frère François que cinq ou six semaines passées au régiment ne lui feraient pas de mal; il y désapprendrait à faire toutes ses volontés, car rien ne forme à l'obéissance comme d'être soldat, et l'on n'en vaut pas pis.

Faites bien mes compliments à toute notre famille et à tous nos amis.

Mon cher père et ma chère mère, je vous embrasse de tout mon cœur, et suis votre fils respectueux,

Joseph Bonnard.

CVII. Marc Bonnard répond à la lettre précédente.

Sangy, le 20 août 1839.

Mon cher enfant,

Nous avons été bien contents de te savoir en bonne santé, et nous le sommes aussi de ce que tu es arrivé sans accident; je te dirai que tu nous fais grand'faute; je voudrais bien ne pas prendre de domestique pour te remplacer, parce que les temps sont durs et l'argent difficile à trouver, et puis d'ailleurs un domestique ne vaut jamais le maître à l'ouvrage; j'ai donc mis François à la charrue, et quoiqu'il soit bien têtu, il a compris pourtant qu'il nous rendrait grand service, et il est tout fier d'être laboureur en chef. Il est bien sûr qu'une année de bonne discipline ne lui ferait pas de mal; mais que veux-tu, mon garçon? c'est notre dernier, et tu sais que ta mère lui a passé toutes ses fantaisies parce qu'il a été malade jusqu'à treize ans. Au fond, c'est un honnête garçon, aimant le bon Dieu et courageux au travail.

Je t'annonce que j'ai vendu le grand cheval blanc, parce qu'il était si méchant que j'étais toujours en crainte de quelque malheur; tu sais bien qu'il ne connaissait que toi et que quand tu n'étais pas là personne ne pouvait lui mettre son harnais. C'est le maître de poste d'Issoudun qui me l'a pris et qui me l'a bien payé. J'ai acheté un poulain de dix-huit mois pour le remplacer et qui fait bien mon affaire; il m'est resté quelques écus, et ta mère, qui craint toujours qu'il ne te manque quelque chose, t'envoie 20 fr. dont tu trouveras le bon sur la poste dans cette lettre.

Adieu, mon cher Joseph; tes sœurs, tes frères, tes neveux, tes nièces, tout le monde enfin te fait toutes sortes d'amitiés; ta mère et moi nous t'en faisons plus que tous les autres ensemble et nous t'embrassons de tout notre cœur.

Ton père,
Marc Bonnard.

CVIII. Robin, le maréchal, demande à Bonnard, fermier, l'argent que ce dernier lui doit.

Charost, le 26 décembre 1840.

Maître Bonnard,

Je suis bien fâché de vous réclamer les écus que vous me devez; mais, comme je n'entends point parler de vous qui avez coutume d'être si exact en affaires, je viens vous dire qu'ayant une traite considérable à payer pour le 1er de janvier, je rassemble ce qui m'est dû de tous côtés. Je suis contrarié de demander de l'argent à un homme comme vous; mais le régisseur de la forge de Marcilon je me fournis, va être remplacé, et, avant de partir, il veut faire rentrer ses fonds et mettre ses affaires au clair. Excusez-moi donc, et croyez-moi votre serviteur,

J. Robin.

Bonnard répond à la lettre précédente.

Saugy, le 28 décembre 1840.

Père Robin.

Il n'y a pas d'offense à demander son dû, et il y a longtemps que vous seriez payé si j'avais pu tirer quelque chose de Satulin, votre voisin; il a fallu aller devant le juge de paix. Enfin, Prévost l'huissier m'a écrit justement hier qu'il avait mon argent entre les mains; je vais vous donner un mot pour lui, et il acquittera votre mémoire sur quittance.

Il n'y a pas d'excuse à demander, père Robin, pour la réclamation que vous me faites; il est tout simple que chacun veuille être payé, et moi, j'aime fort qu'on ne me fasse pas attendre trop longtemps; je ne puis donc pas trouver mauvais que les autres pensent de même: aussi ne vous serai-je pas moins bon ami parce que vous m'avez averti de vous payer, et vous continuerez à travailler pour moi.

Je suis votre vieil ami,

Marc Bonnard.

CIX. M. Duval, propriétaire, demande au fermier Bonnard l'argent de son fermage.

Paris, le 18 décembre 1841.

Mon cher Bonnard, je vous prie de payer le tuilier de Saint-Georges et le marchand de bois d'Issoudun, auquel je dois sept cents francs pour bois de construction. Vous prendrez cet argent sur votre terme de Noël qui va échoir; vous m'enverrez le reste de votre fermage le plus tôt possible, car à Paris on n'a jamais assez d'argent.

Je vous souhaite bonne santé à vous et aux vôtres, et vous salue cordialement.

Votre affectionné,
J. Duval.

Bonnard prie M. Duval de lui accorder un délai.

Saugy, 22 décembre 1841.

Monsieur,

Aussitôt que j'ai eu reçu votre lettre, je suis allé en ville pour payer le marchand de bois et j'en ai retiré quittance que j'ai mise dans mon livre de comptes; lundi, je verrai le tuilier au marché de Charost et je lui donnerai son argent.

Monsieur, il faudra que vous ayez la bonté de m'attendre pour le reste de mon terme de Noël: le papillon s'est mis dans mon blé; je suis obligé de le faire battre et de le vendre à mesure qu'il est vanné; il me rend peu et je n'en retire point d'argent. C'est une mauvaise année pour moi; ayez donc la patience de m'attendre jusqu'en mars. J'ai deux bonnes paires de bœufs à l'engrais, dont j'espère tirer bon parti, et aussitôt que je les aurai vendus, je vous en enverrai le prix.

Excusez-moi donc, monsieur; vous savez que le laboureur ne fait pas toujours comme il veut: c'est d'en haut que tout vient et il faut bien se soumettre.

J'ai bien l'honneur d'être, monsieur,
Votre serviteur dévoué,
Marc Bonnard.

CX. Jacques Bonnard: charpentier, faisant son tour de France, annonce à ses parents qu'après un accident il est entré dans un hôpital.

Alençon, le 8 avril 1841.

Mon cher père et ma chère mère,

Je vous écris ces mots de l'hôpital et par les soins d'une bonne Sœur qui m'a fourni tout ce qu'il faut pour écrire. Ne vous tourmentez pas trop, je vous en prie, de me savoir à l'hôpital: je ne suis pas malade, seulement je me suis blessé au pied avec une bisaiguë, et comme il me fallait rester couché pendant long-temps, j'ai mieux la mauvaise honte de côté, et je me suis fait porter à l'hospice; car dans le méchant cabinet où je couche ordinairement, je serais mort d'ennui; sans compter que je n'aurais pu payer ni les journées de la garde qu'il m'aurait fallu prendre, ni les visites du médecin.

Mon lit se trouve placé entre celui d'un vieillard qui souffre d'un rhumatisme et le lit d'un jeune couvreur qui s'est cassé le bras en tombant d'un toit. Ce sont de braves gens, et comme je suis le moins malade des trois, je leur fais de temps en temps la lecture d'un livre que M. l'aumônier a eu la bonté de me prêter. Les autres malades, qui ont la permission de se lever, entourent nos lits pour entendre les histoires intéressantes que je lis. Je vous sais bien bon gré, mon cher père, de m'avoir envoyé à l'école; le temps me semblerait bien long aujourd'hui que je suis cloué dans mon lit, si je ne pouvais me distraire en lisant. Il est bien malheureux que François, qui pourtant n'est pas sot, n'ait jamais rien voulu apprendre; on ne sait pas ce qui peut arriver, et d'ailleurs il est toujours bon de faire ses affaires soi-même sans être obligé de recourir aux autres.

Ne vous inquiétez pas à cause de moi, mon cher père et ma chère mère; il ne me faut que du repos pour me guérir, et je ne manque de rien ici. La Sœur de notre salle est d'une bonté et d'une patience angélique. J'en ai pour deux mois, dit-on, avant de pouvoir reprendre l'ouvrage. Que voulez-vous? chacun est sujet aux accidents, et il faut remercier Dieu que le mien n'ait pas été plus grave. Je vous fais mes amitiés ainsi qu'à toute notre famille, et je vous prie de faire mes compliments à tous ceux qui s'inquiéteront de moi.

Votre fils respectueux et affectionné,

Jacques Bonnard.

CXI. Marc Bonnard annonce à M. Duval les ravages de la grêle.

Saugy, le 4 Juin 1842.

Monsieur,

J'ai une bien triste nouvelle à vous annoncer. Hier, pendant que nous étions à vêpres à Charost, il est tombé une terrible grêle. Aussitôt qu'elle fut finie, je remontai dans ma carriole avec deux de la maison que j'avais emmenés avec moi. Quand nous approchâmes de vos champs que nous avions laissés si beaux le matin, nous n'y trouvâmes plus trace de blé; il n'y avait plus ni épis ni paille; on n'aurait jamais dit qu'il y eût eu là une moisson.

Monsieur, nous serons bien à plaindre cette année. Nous sommes ruinés sans ressource si vous n'avez pas pitié de nous. Ma pauvre femme a reçu un tel coup en voyant toute votre récolte perdue, qu'elle s'est mise au lit où elle est bien malade.

Non-seulement je ne pourrai pas vous payer cette année, mais si vous ne m'avancez pas mes semences, je m'endetterai avec les notaires et je serai un homme perdu; il vaudrait mieux quitter ma ferme.

Mais, monsieur, vous ne voudrez pas me renvoyer. Je suis né dans votre ferme, ainsi que mes enfants et leurs, et nous ne pourrions jamais vivre ailleurs, nous y mourrions de chagrin. Vous savez que nous sommes de grand courage; nous allons ensemencer nos terres grêlées de blé noir, afin de récolter au moins quelque chose, et, avec la grâce de Dieu, en quelques années, il n'y paraîtra plus. Je vous prie, monsieur, ayez pitié de ma famille; envoyez-moi une bonne parole, car nous ne vivrons pas tant que nous ne saurons pas si vous voulez bien nous garder.

Si vous teniez à être payé cette année, vous ne pourriez pas rester dans votre ferme, car nous n'aurions plus rien pour la faire marcher ainsi que votre moulin, qui demande tant d'avances.

Je suis, monsieur, en attendant votre réponse, votre désolé serviteur,

Marc Bonnard.

CXII. Marc Bonnard remercie M. Duval de lui avoir
donné le délai nécessaire pour s'acquitter de son fermage.

Saugy, le 10 Juin 1842.

Monsieur,

Ma famille et moi nous vous remercions de toute notre âme
pour votre grande bonté. Je disais bien à ma femme que vous
ne réduiriez pas à la pauvreté votre vieux fermier qui vous
a vu naître, et dont la famille est dans les mains de la
vôtre depuis plus de deux cents ans! Soyez tranquille, monsieur,
ni moi, ni mes enfants n'aurons de repos que vous ne soyez payé,
et nous travaillerons autant qu'il est possible à des hommes de le faire.

Monsieur, comme je n'ai point de paille cette année, ni pour
la litière, ni pour la nourriture du bétail, je serais d'avis, avec
votre consentement, de vendre la moitié de mes bêtes; nous
les remplacerions dans un temps meilleur. Quand on ne peut
nourrir suffisamment les bestiaux, il vaut mieux se défaire
d'une partie pour conserver l'autre en bon état, que de
faire languir le tout. Ayant moins de fumier, j'ensemencerai
moins de terre en blé, mais je doublerai mes fourrages
artificiels; de sorte que dans deux ans vous serez en
mesure de remonter la bergerie et les étables.

Écrivez-moi, s'il vous plaît, monsieur, ce que vous
pensez de cette idée-là, afin que, si vous la trouvez bonne,
je fasse mon tri tout de suite; je commencerai à
suivre toutes les foires des environs.

Ma pauvre femme n'est toujours point bien, malgré
le grand soulagement que lui a causé votre lettre;
elle vous prie, monsieur, de continuer vos bontés à
ma fille Suzanne.

Vous nous avez sauvés d'une ruine certaine, mes enfants et moi, nous vous sommes dévoués à la vie, à la mort.
Je suis avec respect, votre très-obligé serviteur,

Marc Bonnard.

CXIII. Marc Bonnard annonce à M. Duval la mort de sa femme.

Saugy, le 23 Juin 1842.

Monsieur,

Les malheurs ne marchent jamais seuls: j'ai perdu ma pauvre femme, qui n'a pu surmonter le grand chagrin que lui a causé la perte de notre récolte; elle n'a été malade que quinze jours, et je suis encore tout bouleversé de ce malheur, car je ne la croyais pas dans un si grand danger.

Il faut que je règle les droits de mes enfants et cela rendra ma position bien plus difficile encore. Ces excellents enfants veulent me laisser le tout pour ne pas augmenter mes embarras, afin que je puisse m'acquitter plus promptement envers vous; mais les frais et les droits de succession seront encore trop lourds pour moi.

Monsieur, la mort de ma pauvre femme, qui était si robuste, m'a fait réfléchir à la promptitude avec laquelle on s'en va de ce monde; et si je mourais comme elle, sans avoir le temps d'arranger mes affaires, je laisserais ma famille dans un grand embarras. Si vous le trouviez bon, monsieur, nous renouvellerions bail, et je m'associerais mes deux fils aînés, mon gendre Rousset et ma fille Françoise. Si je venais à manquer à cette pauvre veuve, qui ne veut pas entendre parler de se remarier, elle ne pourrait jamais parvenir à élever sa famille. L'affaire étant arrangée comme je vous le dis là, monsieur, si je meurs, ce ne sera qu'une personne de moins à la maison, et ni vos intérêts, ni ceux de mes enfants n'en souffriront. Quant à François, il est jeune, et s'il ne s'arrange pas avec ses frères, il ira vivre ailleurs.

Si ma proposition vous convient, monsieur, nous passerons bail à nouveau aussitôt que vous serez revenu de votre voyage.

En attendant, monsieur, je vous renouvelle mes remerciements bien sincères pour votre généreuse bonté, et je suis votre affligé et obéissant serviteur,

Marc Bonnard.

CXIV. Marc Bonnard annonce à son fils Jacques, en tour de France, la mort de sa mère.

Saugy, 25 Juin 1842

Mon pauvre garçon, nous venons d'éprouver de bien grands malheurs. D'abord, nous avons été grêlés, et, sans la grande bonté de notre propriétaire, qui me donne toutes les facilités possibles pour le payer, nous aurions été ruinés. Ta mère a été si frappée de ce terrible accident, qu'elle s'est mise au lit ne s'en est pas relevée. Nous l'avons conduite en terre jeudi dernier. C'est une grande perte que nous avons faite, mon fils; c'était une digne femme, aimant et soignant bien sa famille, bonne ménagère, toujours la première et la dernière à l'ouvrage. Comme il s'agit de régler vos droits, j'écris à ton frère le soldat, de m'envoyer sa procuration. Toi, mon garçon, prends la voiture et viens tout de suite; car il est important, pour nous que les scellés restent le moins longtemps possible sur notre avoir. Tu comprends, mon garçon, que ce gardien des scellés, qu'il faut payer et nourrir, nous occasionne de grands frais; chaque jour, il a sa délivre ce qui est nécessaire pour les bêtes et pour les gens, et il est bien désagréable de ne pouvoir disposer de sa denrée selon sa fantaisie.

Ta soeur Françoise va prendre le gouvernement de la maison en place de ta défunte mère; j'entends, mes enfants que chacun lui soit soumis comme on l'était à ta femme; car, pour que tout aille bien dans une maison, il n'y faut qu'une maîtresse et qu'un maître, et votre soeur sera la maîtresse dans la maison comme je suis le maître au dehors. Je l'ai signifié à François, qui a bien l'esprit un peu de travers, et je lui ai dit que s'il ne mettait pas dans sa tête d'obéir à sa soeur aînée, il irait servir hors de la maison; et il sait que je lui tiendrai parole; mais j'espère n'être pas obligé d'en venir là, car Françoise l'a autant soigné que sa propre mère.

Mon pauvre enfant, toi qui n'a pas pu aller à l'enterrement de ta chère mère, fais-lui dire une messe avant de te mettre en route, et tu y prieras le bon Dieu pour nous tous.

Au plaisir de te voir, mon Jacques, quand tu seras là, nous pleurerons tous ensemble celle que nous avons perdue.

Ton père,

Marc Bonnard.

CXV. Joseph Bonnard envoie sa procuration à son père.

Besançon, le 30 Juillet 1842.

Mon cher père, j'ai un grand chagrin de la triste nouvelle que vous m'annoncez par votre lettre; nous ne verrons donc plus notre pauvre bonne mère, qui vous a élevés dans l'amour de Dieu et du bien, et qui a toujours été si bonne pour vous. Je ne puis me faire à cette idée là.

Mon père, je vous envoie une procuration générale au nom de Ferdinand de Chérost, votre grand ami, qui est un brave et digne homme, et qui ne vous cherchera pas de chicanes. Je trouve que vous avez bien fait de mettre votre sœur aînée à la tête de la maison, et j'approuve fort votre projet de vous associer ceux de vos enfants qui travaillent avec vous. Ma mère avait toujours dit qu'elle voulait faire à Françoise un petit avantage pour l'aider à élever ses trois enfants. Mon cher père, dites à mes frères et à mes sœurs que je les engage à lui laisser la toilette et le linge de notre mère pour habiller ses petits, et je crois qu'il serait convenable de lui donner une part d'enfant les plus. Nous partagerions en dix, au lieu de faire neuf parts, et ce ne sera pas une grande différence pour chacun de nous.

Mon cher père, j'avais une bonne nouvelle à vous annoncer et qui devait vous mettre du baume dans le cœur; mais je sens bien que la joie ne peut pas approcher de notre maison maintenant. J'ai eu les galons de sergent dimanche dernier, à la grande revue du général, et mon capitaine a fait mon éloge devant tout le bataillon. Qu'est-ce que cela devant un aussi grand chagrin?

Adieu mon père, ce que vous ferez pour vos partages sera bien fait et vos enfants seront toujours soumis à votre volonté. J'envoie mon amitié à mes frères et à mes sœurs, ainsi qu'à leurs enfants, et je fais mes compliments à tous nos voisins.

Votre fils respectueux,
Joseph Bonnard, sergent.

CXVI. Paul Leroux demande à son beau-frère Bonnard à lui emprunter de l'argent.

Issoudun, le 30 novembre 1842.

Mon cher beau-frère,

Je m'adresse à toi pour te faire connaître l'embarras où je me trouve et pour te demander si tu peux m'en tirer.

J'ai acheté un bon arpent de vigne dans le clos de Voilebланc, et je comptais le payer avec le prix de deux pièces de vin de 1832 et une dixième de 1840; mais, quand le courtier qui me les avait placées est venu pour les goûter, il s'est trouvé que le 32 tourne à l'aigre et que le 40 n'est pas franc du tout, et je suis obligé de les donner l'un et l'autre pour moitié prix. Je me consolerais encore de cette grande perte si je ne devais rien, mais il faut que je paye la vigne comptant et entre les mains de l'avoué, car elle s'est vendue par autorité de justice. Il me manque cinq cents francs pour compléter la somme qui m'est nécessaire, et je ne sais où donner de la tête, car je ne voudrais pas faire connaître mon embarras à personne. Il faut que tu me tires de là, Bonnard, qu'est-ce que cinq cents francs pour toi? Je te rembourserai pour moitié en deux ans. Si ma pauvre sœur, ta défunte femme, était encore de ce monde, elle te supplierait pour moi. Tu sais que je suis travailleur et exact à remplir mes engagements, et d'ailleurs, pour peu que l'année qui vient se comporte bien, je récolterai pour plus de six cents francs de vin. Réponds-moi mon ami; ne me laisse pas dans l'incertitude; pense que je suis sur le point de marier avantageusement ma fille aînée, et que, si l'on savait que je ne puis pas payer ce que j'ai acheté, cela lui nuirait beaucoup, car l'on ne s'occuperait pas des raisons qui m'en empêchent.

Adieu, mon frère, je compte sur toi pour me tirer de peine. Fais mes compliments à ta famille, aussi bien aux petits comme aux grands.

Ton beau-frère,
Paul Leroux.

CXVII. Marc Bonnard répond à la lettre de son beau-frère Leroux.

Saugy, le 2 Décembre 1842.

Beau-frère,

Tu me prends dans un mauvais moment, car je n'ai pas les cinq cents francs qu'il te faut, et, si je les avais je les enverrais tout de suite à mon propriétaire avec lequel je suis en arrière. Je viens de faire nos partages, et les frais m'ont mis à sec, car je les ai tous pris à ma charge; mais j'ai rassemblé mes enfants le soir du même jour où j'ai reçu ta lettre, et je leur ai demandé s'ils voulaient obliger le frère de leur mère. Ils se sont entendus entre eux et te feront à eux tous la somme dont tu as si grand besoin. Viens la chercher, tu feras à chacun d'eux le billet de la somme qu'il te prêtera, et cela te sera bien plus commode pour le remboursement.

Maintenant que te voilà hors d'embarras, laisse-moi te rappeler que je t'avais prédit que tu perdrais ton vin. Tu vois que j'ai bien raison de dire que le pauvre vigneron ne gagne jamais rien à laisser vieillir son vin; le moindre accident lui occasionne tout de suite une grande perte. Calcule un peu ce que t'auraient rapporté les cent vingt francs que tu aurais rendu chaque pièce de vin au sortir de la cuve? Il n'y a que les commerçants, vois-tu, ou bien les gros propriétaires qui puissent courir de pareilles chances.

La mort de ma chère femme, ta soeur, ne changera rien à mon amitié pour toi, parce que je t'ai toujours trouvé honnête homme et que tu élèves tes enfants dans la crainte de Dieu et dans l'amour de travail: ainsi nous sommes toujours frères comme par le passé; viens donc en confiance dans ma maison tout comme si la défunte y était encore pour t'y faire accueil; tu y trouveras toujours bon coeur et bonne mine.

Je finis ma lettre en faisant mes compliments à ta femme et à tes enfants.

Ton frère, Marc Bonnard

118

CXVIII. *Boursault écrit au chef de l'établissement dans lequel est placé son fils, pour le remercier de ses soins.*

Monsieur,

Je suis vraiment honteux de vous avoir tant d'obligations, et d'avoir attendu si tard à vous témoigner combien j'y suis sensible. Des affaires, des maladies, et je ne sais combien de conjonctures qui succèdent l'une à l'autre, me laissent si peu de loisirs, que je suis obligé de quitter un devoir pour un autre devoir; et souvent même je suis contraint de manquer à celui qui me serait le plus agréable. Jugez-en par le plaisir que je me serais fait de m'en acquitter auprès de vous, et de vous marquer combien je vous suis redevable des bontés que vous avez pour mon fils, et des soins que vous prenez pour tâcher d'en faire un honnête homme. Pour peu qu'il ait d'inclination à le devenir, il est presque impossible qu'il n'y réussisse pas, par l'avantage qu'il a, non seulement de recevoir vos leçons, mais encore de pouvoir profiter de vos exemples. Je souhaite de tout mon cœur qu'il réponde à toutes les grâces que vous lui faites, et qu'il travaille à se rendre d'autant plus habile, qu'il n'y aura point d'excuse pour lui quand on saura qu'il a eu l'honneur d'étudier sous vous. Parmi les mauvaises qualités qu'il peut avoir, je suis sûr au moins qu'il en a une fort bonne; c'est, monsieur, qu'il connaît ce que vous faites pour lui, et qu'il me parle de vous avec une effusion de cœur pleine de tendresse, de respect et de reconnaissance.

Je sais bien qu'on n'en peut trop avoir; et que l'excès, qui est presque toujours un vice, devient, en de pareilles occasions, une vertu. Je n'ose dire que ce soient des sentiments que je lui ai inspirés; il est malaisé de vous connaître et de ne les pas avoir. Mais, quelque redevable qu'il vous puisse être, je n'hésite point à vous assurer qu'il ne sera jamais avec plus d'estime et de reconnaissance que moi, monsieur,

Votre, etc.

CXIX. M.ᵐᵉ de Sévigné annonce à M. de Grignan, son gendre, la mort de Turenne, l'un des plus grands capitaines du siècle de Louis XIV.

1675.

C'est à vous que je m'adresse, mon cher gendre, pour vous écrire une des plus fâcheuses pertes qui puissent arriver en France : c'est celle de M. de Turenne, dont je suis assurée que vous serez aussi touché et aussi désolé que nous le sommes ici. Cette nouvelle arriva le lundi à Versailles : le roi en a été affligé comme on doit l'être de la mort du plus grand capitaine et du plus honnête homme du monde ; toute la cour fut en larmes.

On était près d'aller se divertir à Fontainebleau. Tout a été rompu. Jamais un homme n'a été regretté si sincèrement : tout le quartier où il a logé, et tout Paris, et tout le peuple, étaient dans le trouble et dans l'émotion ; chacun parlait et s'attroupait pour regretter ce héros.

Il avait le plaisir de voir décamper l'armée ennemie devant lui, et le 27 Juillet, qui était samedi, il alla sur une petite hauteur pour observer sa marche. Son dessein était de donner sur l'arrière-garde, et il mandait au roi, à midi, que dans cette pensée, il avait envoyé dire à Brissac qu'on fît les prières de quarante heures. Je mande la mort du jeune d'Hocquincourt, et qu'il enverra un courrier pour apprendre au roi la suite de cette entreprise. Il cachète sa lettre et l'envoie à deux heures. Il va sur cette petite colline avec huit ou dix hommes. On tire de loin à l'aventure : un malheureux coup de canon le coupe par le milieu du corps ; et vous pouvez penser les cris et les pleurs de cette armée. Le courrier part à l'instant. Il arriva lundi, comme je l'ai dit, de sorte qu'à une heure l'une de l'autre, le roi eut une lettre de M. de Turenne et la nouvelle de sa mort. Jamais un homme n'a été si près d'être parfait ; et plus on le connaissait, plus on l'aimait, et plus on le regrette.

Adieu, je vous embrasse mille fois.

CXX. Racine exhorte son fils à préférer les lectures sérieuses aux lectures frivoles.

À Fontainebleau, le 23 mai 1694.

Il me paraît, par votre lettre, que vous portez un peu d'envie à mademoiselle l'aînée de ce qu'elle a lu plus de comédies et de romans que vous. Je vous dirai, avec la sincérité avec laquelle je suis obligé de vous parler, que j'ai eu un extrême chagrin que vous fissiez tant de cas de toutes ces niaiseries. Vous êtes engagé dans des études très-sérieuses, qui doivent attirer votre principale attention; et, pendant que vous y êtes engagé et que nous payons des maîtres pour vous instruire, vous devez éviter tout ce qui peut dissiper votre esprit et vous détourner de votre étude. Non-seulement votre conscience et la religion vous y obligent; mais vous-même devez avoir assez de considération et d'égards pour moi, pour vous conformer un peu à mes sentiments, pendant que vous êtes dans un âge où vous devez vous laisser conduire.

Je ne dis pas que vous ne lisiez quelquefois des choses qui puissent vous divertir l'esprit; et vous voyez que je vous ai mis moi-même entre les mains assez de livres français capables de vous amuser: mais je serais inconsolable si ces sortes de livres vous inspiraient du dégoût pour des lectures plus utiles, et surtout pour des livres de piété et de morale dont vous ne parlez jamais, et pour lesquels il semble que vous n'ayez plus aucun goût, quoique vous soyez témoin du véritable plaisir que j'y prends, préférablement à toute autre chose. Croyez-moi, quand vous saurez parler de comédies et de romans, vous n'en serez guère plus avancé pour le monde, et ce ne sera point par ces endroits-là que vous serez le plus estimé. Vous jugez bien que je ne cherche pas à vous chagriner, et que je n'ai d'autre dessein que de contribuer à vous rendre l'esprit solide et à vous mettre en état de ne me point faire de déshonneur quand vous viendrez à paraître dans le monde. Ne regardez point tout ce que je vous dis comme une réprimande, mais comme les avis d'un père qui vous aime tendrement et qui ne songe qu'à vous donner des marques de son amitié. Écrivez-moi le plus souvent que vous pourrez, et faites mes compliments à votre mère.

CXXI. Racine exhorte son fils à supporter patiemment une maladie grave qui lui était survenue, et lui exprime le regret de ne pas être auprès de lui pour adoucir ses souffrances.

Au camp devant Namur, 31 mai 1691.

Vous avez pu voir, mon cher enfant, par les lettres que j'écris à votre mère, combien je suis touché de votre maladie (1) et la peine extrême que je ressens de n'être pas auprès de vous pour vous consoler. Je vois qu'on prend avec beaucoup de patience le mal que Dieu vous envoie, et que vous êtes exact à faire tout ce qu'on vous dit. Il est très important pour vous d'être docile. J'espère qu'avec la grâce de Dieu, il ne vous arrivera aucun accident. C'est une maladie dont peu de personnes sont exemptes, et il vaut mieux en être attaqué à votre âge qu'à un âge plus avancé. J'aurai un sensible plaisir à recevoir de vos nouvelles; ne m'écrivez que quand vous serez entièrement hors de danger, parce que vous ne pourriez m'écrire sans mise à votre santé. Quand je ne serai plus inquiet de votre mal, je vous écrirai des nouvelles du siège de Namur; il y a lieu d'espérer que la place se rendra bientôt; et je m'en réjouis d'autant plus que cela pourra me mettre en état de vous savoir bientôt à Paris.

Adieu, mon cher enfant, offrez bien à Dieu tout le mal que vous souffrez, et remettez-vous entièrement à sa sainte volonté; soyez assuré qu'on ne peut vous aimer plus que je vous aime, et que j'ai fort grande impatience de vous embrasser.

(1) La petite vérole.

CXXII. Ducis communique la nouvelle de la mort de sa mère à un ami.

Versailles, 3 août 1787.

Mes alarmes n'étaient que trop fondées : cette tendre mère, cette amie de tous les temps, cette femme rare qui a passé par son siècle avec toutes les vertus du premier âge, cette digne compagne de mon vénérable père, elle n'est plus ! Je l'ai embrassée pour la dernière fois à cinq heures et demie du soir, le 30 du mois dernier, sans qu'elle ait pu me voir ni m'entendre. Elle a rendu à Dieu son âme pure et chrétienne, après soixante et dix ans d'une vie exemplaire. Vous savez, mon cher ami, combien elle m'aimait. Elle m'a porté dans son cœur comme elle m'avait porté dans son sein.

Je rends grâces à la Providence de m'avoir fait naître d'elle, et je lui demande avec larmes de me rejoindre à elle dans un meilleur séjour. Toute sa maladie a été un exercice de résignation et de patience. L'ange de la paix n'a point quitté son lit.

Ducis.

La Bruyère remercie une personne qui l'avait obligé de sa bourse.

A Paris, ce 9 décembre 1691.

Si vous ne vous cachiez pas de vos bienfaits, monsieur, vous auriez eu plus tôt mes remercîments. Je sens le prix de votre compliment, la manière dont vous venez de m'obliger m'engage pour toute ma vie à le plus vive reconnaissance dont je puisse être capable. Vous aurez bien de la peine à me fermer la bouche, je ne puis me taire sur une action aussi généreuse.

Je suis, monsieur, avec toute sorte de respect et de gratitude, Votre &c.

CXXIII. Le prince Eugène de Beauharnais, vice-roi d'Italie, raconte à sa sœur Hortense que des propositions très-brillantes lui ont été faites pour l'engager à abandonner l'empereur Napoléon; mais qu'il les a repoussées, et que jamais il n'oubliera la reconnaissance qu'il doit à son bienfaiteur.

Vérone, le 29 novembre 1813.

Ma bonne sœur,

Depuis huit jours j'ai le projet de t'écrire, et chaque jour une nouvelle occupation vient me déranger. J'avais pourtant besoin de te mander ce qui m'est arrivé la semaine dernière.

Un parlementaire autrichien demanda avec instance à mon avant-poste de pouvoir me remettre lui-même des papiers très-importants. J'étais justement à cheval. Je m'y rends, et je trouve un aide de camp du roi de Bavière, qui avait été sous mes ordres la campagne dernière. Il était chargé de la part du roi, de me faire les plus belles propositions pour moi et pour ma famille. On assurait d'avance que les souverains coalisés approuveraient que je m'entendisse avec le roi pour m'assurer la couronne d'Italie. Il y avait aussi un grand assaisonnement de protestations d'estime, &c. Tout cela était bien séduisant pour tout autre que pour moi. J'ai répondu à toutes ces propositions comme je le devais; et le jeune envoyé est parti rempli, m'a-t-il dit, d'admiration pour mon caractère, ma constante fermeté et mon désintéressement. J'ai cru devoir rendre compte de tout à l'empereur, en omettant toutefois les compliments qui s'adressaient à moi seulement.

J'aime à penser, ma bonne sœur, que tu aurais approuvé toute ma conversation, si tu avais pu l'entendre. Ce qui est pour moi une plus belle récompense, c'est de voir que si ceux que je sers me veulent me refuser leur confiance et leur estime, ma conduite a pu gagner celle de mes ennemis.

Adieu, ma bonne sœur, ton frère sera dans tous les temps digne de toi et de sa famille.... Je t'embrasse ainsi que tes enfants, et suis pour toujours,

Ton bon frère et meilleur ami,

Eugène.

CXXIV. Un homme généreux envoie à un jeune étranger l'argent dont il a besoin pour retourner dans son pays.

Mon cher monsieur,

J'ai reçu votre lettre du 15 courant. Le tableau que vous me faites de votre situation m'afflige ; je vous envoie ci-inclus un billet de trois cents francs. Je ne prétends pas vous donner cette somme. Je ne fais que vous la prêter. Lorsque vous serez de retour dans votre patrie, vous ne pourrez manquer de trouver une occupation qui vous mettra en état de payer toutes vos dettes : dans ce cas, si vous rencontrez un honnête homme qui se trouve dans une détresse semblable à celle que vous éprouvez en ce moment, vous me paierez en lui prêtant cette somme, et vous lui enjoindrez d'acquitter sa dette par une semblable opération dès qu'il sera en état de le faire et qu'il trouvera une occasion du même genre. J'espère que les trois cents francs passeront de la sorte dans beaucoup de mains avant de tomber dans celles d'un malhonnête homme qui veuille en arrêter la marche. C'est un artifice que j'emploie pour faire beaucoup de bien avec peu d'argent. Je ne suis pas assez riche pour consacrer beaucoup à de bonnes œuvres, et je suis obligé d'user d'adresse, afin de faire le plus possible avec peu. C'est en vous offrant tous mes vœux pour le succès de vos affaires présentes et pour votre prospérité future, que j'ai l'honneur d'être, mon cher monsieur, votre tout dévoué serviteur.

Billet de Fléchier à M. Salvador sur la mort de son père.

Je regrette bien, monsieur, la perte que vous avez faite de monsieur votre père, et je compatis à votre douleur ; il vous laisse les véritables biens, qui sont les vertus et les bons exemples, et les plus solides consolations, qui sont une longue continuation de sagesse et de piété, une vie de chrétien et une mort de patriarche. Je vous souhaite une aussi longue pratique de bonnes œuvres, et, persuadé qu'il ne manque à la perfection de votre mérite que ce qu'un digne commerce le zèle peut y ajouter, je félicite vos enfants de retrouver en vous ce que vous perdez en monsieur votre père.

Je suis, &c.

CXXV. Description de Rosette, ville d'Egypte.

Aout. 1777.

Mon cher ami.

Rosette est une habitation curieuse pour un Européen, mille objets inconnus y frappent ses regards. Il se croit transporté dans un autre univers. Les hommes, les productions de la nature, tout y est nouveau. Dans la ville règne un vaste silence qui n'est interrompu par le bruit d'aucun carrosse: les chameaux y servent de voiture. Les habitants marchent posément, sans qu'aucun événement puisse déranger leur gravité. De longues robes tombent jusque sur leurs talons; leur tête est chargée d'un lourd turban. Ils se coupent les cheveux et laissent croître leur barbe. La ceinture est commune aux deux sexes. Les habitants sont armés d'un couteau; le soldat d'un damas et de deux pistolets. Les femmes du peuple, dont le vêtement consiste dans une ample chemise bleue et un long caleçon, ont le visage couvert d'un morceau de toile percée vis à vis des yeux. Celles qui sont riches portent un grand voile blanc avec un manteau de soie noire qui leur enveloppe tout le corps.

La campagne diffère autant des environs de Paris que Rosette diffère d'une ville de France. Elle offre à la vue une surface immense, sans montagnes, sans collines, coupée de canaux innombrables et couverte de moissons. Des sycomores touffus, dont le bois est indestructible, protègent la cabane de terre où le laboureur se retire l'hiver, car l'été il dort sous l'ombrage des dattiers rassemblés en forêts ou épars dans la plaine, comme nous ou sommet de grappes énormes dont le fruit offre un aliment sain et salutaire; des orangers, des citronniers que le ciseau n'a point mutilés et qui étendoient leurs rameaux garnis de, forment des voûtes impénétrables aux rayons du soleil. Voilà les principaux arbres que l'on rencontre dans les environs de Rosette.

CXXVI. Description d'un voyage sur le Nil.

Octobre, 1777.

Nous voilà sur la mer, embarqués sur un maâch ou gros bateau à deux mâts, qui a une jolie chambre et un cabinet tapissés de nattes artistement travaillées ; une tente élevée sur le devant y forme un abri contre les ardeurs du soleil. C'est de ce belvédère que je vous tracerai les objets qui s'offriront à ma vue. Il est une heure après-midi ; on lève l'ancre, la voile s'enfle ; le vent de nord, qui, dans cette saison, souffle presque continuellement, nous fait remonter sans peine contre le courant ; nous voguons avec vitesse, et les vagues blanchissent la proue de notre petit bâtiment. Déjà les hauts minarets de Rosette se perdent dans la vallée ; des changements de perspectives fixent notre attention. Les rives du Nil sont bordées de roseaux. Les plaines sont couvertes de moissons ; le riz touche au terme de sa maturité, et le vent en agite la surface comme les ondes de la mer. Le laboureur, occupé à diriger ses arrosements, ouvre ou ferme les rigoles à sa volonté ; les bœufs tournent la roue bruyante qui élève les eaux. De distance en distance, divers hameaux offrent aux regards des huttes de terre, quelques maisons de briques durcies au soleil et une petite mosquée dont les minarets se perdent parmi le sommet des arbres. Entourés d'orangers, de palmiers, de sycomores, ils semblent sortir du sein de la verdure. Nous avons passé plusieurs villages et une île dont la côte est couronnée de melons d'eau et de pastèques qui offrent une fraîche moisson ; on ne peut s'en rassasier. Nourris par un sol fertile, mûris par un soleil brûlant, ils ont une chair fondante et une consistance que les chaleurs font trouver délicieuse. Ce qui ajoute à leur prix, c'est qu'ils sont très-salutaires et qu'on peut en manger avec excès sans en être incommodé.

Le soleil est sur son déclin, il dore de ses derniers rayons le haut des minarets de Fakoué, que nous apercevons dans l'ombre. Nous allons passer la nuit dans cette ville.

Fin.

gravé par Mainster et Stœber.

Paris. — Typographie Panckoucke, rue des Poitevins, 14.